Mary Pytches

Sehnsucht nach Veränderung

Abschied vom alten Ich –
innere Blockaden überwinden und Freiheit gewinnen

MARY PITCHES

Sehnsucht nach Veränderung

Abschied vom alten Ich – innere Blockaden überwinden und Freiheit gewinnen

Projektion J

Titel der Originalausgabe:
Dying To Change

1. Auflage 2000

ISBN 3-89490-309-0

Die Bibelstellen wurden, soweit nicht anders angegeben, der »Guten Nachricht« entnommen.

Übersetzung: Marianne Magnus
Umschlaggestaltung: Hanni Plato
Umschlagfoto: Tony Stone
Satz: Typostudio Rücker
Druck und Verarbeitung: Ebner Ulm

Inhalt

Vorwort

Der biblische Bericht über die Auferstehung des Lazarus ist in vieler Hinsicht ausgesprochen interessant. Ein kleines Detail am Schluss der Geschichte war für mich jedoch schon immer besonders faszinierend: Nachdem Lazarus auf wundersame Weise von den Toten auferstanden war, wandte sich Jesus zu der versammelten Menschenmenge und forderte die Leute auf: »Nehmt ihm die Tücher ab [...] und lasst ihn gehen« (Johannes 11,44, HFA).

Vor seiner Grablegung wurde Lazarus mit Grabtüchern umwickelt und sein Gesicht wurde verhüllt. Als er aus dem Grab trat, war er noch immer in diese Tücher gewickelt. Ich habe mich oft gefragt, warum er sich nicht so schnell wie möglich selbst davon befreite. Vielleicht war das ja gar nicht so einfach; vielleicht war es ihm peinlich, dann womöglich nackt vor den Menschen zu stehen; vielleicht wusste er nicht so recht, was eigentlich los war. Was auch immer der Grund war, er stand jedenfalls quicklebendig in Leichentüchern vor ihnen. Die Lumpen hätten sicherlich sein neues Leben behindert, und so war es nötig, dass er möglichst schnell davon befreit wurde. Deshalb forderte Jesus die Leute auf: »Nehmt ihm die Tücher ab [...] und lasst ihn gehen.«

Diese Grabtücher sind für mich ein Sinnbild für die Bindungen und Schutzhüllen, die wir im Lauf unseres Lebens aufgebaut haben und an denen wir zum Selbstschutz festhalten, so falsch und hinderlich sie auch sein mögen. Sie behindern unsere Beziehungen zueinander und zu Gott. Sie verhindern tief greifende Veränderungen und beeinträchtigen unser Wachstum und wahre Reife. Und trotzdem kämpfen wir weiter – in diesen alten Lumpen, die unserem Leben nicht mehr gerecht werden.

Dieses Buch zielt darauf ab, die Selbstschutzmechanismen zu entlarven, an die wir uns noch immer klammern. Letztendlich geht es darum, uns die Augen zu öffnen, damit wir die veralteten, schädlichen Verteidigungsstrategien ablegen und mutig die lebenswichtigen Veränderungen in Angriff nehmen können.

Meinem Mann David gebührt in diesem Zusammenhang – wie so oft – mein Dank. Er hat geduldig meine Manuskripte gelesen und mir wertvolle Einsichten und Korrekturvorschläge vermittelt. Dankbar bin ich auch den Menschen, deren Lebensgeschichten mir den gedanklichen Anstoß zu diesem Buch gegeben haben. Meist wurde ihre Geschichte abgeändert, um ihre Identität zu schützen. Zufällige Ähnlichkeiten sind also meist nicht zutreffend. Einige jedoch haben zugestimmt, ihre Geschichte »ungeschminkt« abzudrucken.

Wenn Sie mutig genug sind, die folgenden Seiten zu lesen, ohne sie zu vergeistigen oder zu vergeistlichen, und nur Gott aufrichtig darum bitten, Ihnen zu zeigen, ob Sie »auf bösem Wege« sind, dann wird das vielleicht Ihr ganzes Leben umkrempeln (Psalm 139,24).

Das erhoffe und wünsche ich mir für Sie!

Einführung

»Mir gehts wirklich prima!«, waren Rogers erste Worte, als er mein Beratungszimmer betrat. Seine Körpersprache konnte jedoch nicht über seine wirkliche Befindlichkeit hinwegtäuschen. Seine Bewegungen waren fahrig und er machte einen angespannten, nervösen Eindruck. Seine Augen schweiften ziellos umher und waren bemüht, meinem fragenden Blick auszuweichen. Etwas verlegen setzte er sich auf den Stuhl und fügte entschuldigend hinzu: »Ich wollte eigentlich gar nicht kommen. Die Sache war einfach kindisch von mir. Ich komm schon alleine klar. Wirklich!«

»Nun, wo Sie schon mal hier sind«, sagte ich in freundlichem Ton, »warum erzählen Sie mir nicht einfach, warum Sie mich sprechen wollten?«

Nach unzähligen Gesprächen hatten meine Mitarbeiterin und ich Monate später schließlich einige von Rogers Problemen bruchstückhaft zusammengesetzt. Während er seine Lebensgeschichte erzählte, stockte seine Stimme immer wieder. Oft begann er einen Satz, nur um sich selbst mit den Worten zu unterbrechen: »Ist ja auch egal.« Danach hüllte er sich in Schweigen und keine noch so gut gemeinte Ermunterung unsererseits konnte ihn wieder aus seinem Schneckenhaus hervorlocken. Schließlich fügte sich ein Puzzleteil des verworrenen und komplizierten Bildes zum anderen.

Roger war im Londoner East End aufgewachsen. Er war ein typisches Schlüsselkind; seine Eltern waren beide berufstätig. Als ältestes Kind der Familie hatte er immer die schlechte Laune seiner gestressten Eltern mit voller Wucht zu spüren bekommen. Er litt also am meisten unter ihrem Versagen als Eltern. Er wurde nicht nur körperlich misshandelt, sondern er wurde, was in seinen Augen noch viel schlimmer und schmerzlicher war, immerfort mit Worten niedergeknüppelt und bloßgestellt.

Mit sechs Jahren hatte Roger bereits seinen eigenen Weg gefunden, um mit dem alles andere als trauten Heim fertig zu werden. Er redete sich ein, dass ihm alles egal und er so und so auf niemanden angewiesen sei und dass er schließlich doch die Oberhand behalten werde. Schritt für Schritt lernte er, wie er seine Eltern austricksen und sich selbst schützen konnte. Was am schlimmsten war: Er lernte, ohne Liebe zu überleben.

Selbst als er älter war und seine Mutter manchmal versuchte, ihm Zuneigung entgegenzubringen, machte es ihm geradezu Spaß, sie im Regen stehen zu lassen. Er war kalt und abweisend. In seinen Beziehungen zu anderen Menschen war er distanziert und musste immer derjenige sein, der an der Spitze stand. Er gestand sich nie zu, Freundlichkeit und Sympathie anzunehmen, sozusagen der Empfangende in einer Beziehung zu sein. Situationen, die seiner beherrschenden Position bedrohlich werden konnten, mied er wie die Pest. Er musste immer das Sagen haben und unter allen Umständen Herr der Lage bleiben.

Nun saß er vor mir im Seelsorgezimmer unserer Gemeinde und kämpfte damit, seine alten, ausgedienten Überlebensstrategien über Bord zu werfen. Er wollte zu dem unschuldigen, bedürftigen Teil in ihm vordringen, der schon so lange verschüttet war. Und er sehnte sich danach, endlich »echt« zu sein. Er wollte gern Liebe geben und empfangen, denn er war zu einem einsamen, isolierten Erwachsenen geworden und wollte das ändern. Aber so einfach war das nicht. Die Rüstung, die er sich als Kind zum Schutz angelegt hatte, war nun mit den Jahren ein Teil seiner Persönlichkeit geworden. Sie hatte augenscheinlich die Kontrolle über ihn gewonnen. Seine Versuche, sie abzulegen, erwiesen sich als schwerer und schmerzlicher als die Erstbesteigung des Mount Everest.

Rogers Beweggründe, Hilfe zu suchen, waren in gewisser Weise sogar selbstsüchtiger Natur. Sein Verteidigungsmechanismus hatte ausgedient und nutzte ihm nun nichts mehr. Er verschaffte ihm keine Sicherheit mehr. Der vermeintlich »sichere Hafen« war ihm sogar zur Beschränkung geworden, aus der er nun auszubrechen versuchte.

Jemand hat einmal gesagt: »Was uns in der Kindheit als notwendiger Schutz dient, wird uns im Alter zum Gefängnis.« Roger ist beileibe kein Einzelfall. Viele Christen haben mit ungesunden Verhaltensweisen zu kämpfen, an die sie gebunden sind.

Roger war schon seit vielen Jahren Christ und hatte schon sämtliche einschlägigen Ratschläge ausprobiert, um Herr seines Problems zu werden. Diese Lösungsansätze bargen allesamt ein Stück Hoffnung in sich, waren aber bestenfalls dazu angetan, ihm eine oberflächliche Hilfe zu bieten.

»Vergiss die Vergangenheit und mach weiter!«

Die erste Patentlösung, die man ihm entgegenhielt, hieß: »Vergiss alles, was war, und mach einfach mit deinem Leben weiter!«

Da wurden dann die Worte des Paulus an die Philipper zitiert: »Ich lasse alles hinter mir und sehe nur noch, was vor mir liegt. Ich halte geradewegs auf das Ziel zu, um den Siegespreis zu gewinnen« (Philipper 3,13-14).

Roger hatte versucht, nicht in der Vergangenheit zu leben, sondern auf dem Weg mit Gott Fortschritte zu erzielen und »dem Siegespreis nachzujagen«. Er hatte versucht, den alten Menschen »abzulegen« und den neuen Menschen »anzuziehen«. Er hatte es mit all seinen Kräften versucht. Aber seine Isolation und seine panische Angst, von anderen beherrscht zu werden, blieben. Solange er seine Vergangenheit nicht bewältigt hatte, war er weiterhin an sie gebunden. Einige christliche Seelsorger konnten ihm wohl helfen, ungesunde Verhaltensmuster zu Tage zu fördern, die er viele Jahre zuvor entwickelt hatte, aber nichts von alledem würde sich von selbst so ändern, wenn er es einfach »vergaß«.

Das Allheilmittel der »inneren Heilung«

Ein anderes Mal suchte Roger ein Ehepaar auf, das seinen Seelsorgedienst auf die »innere Heilung« gründete. Das half ihm zwar mehr als der Ratschlag, das Alte einfach zu »vergessen«, bei diesem speziellen Dienst ist jedoch Vorsicht geboten, denn der gute Ansatz kann sich dabei manchmal als Falle entpuppen.

Eine Versuchung in der Seelsorge liegt beispielsweise darin, jemanden, der über ein Kindheitstrauma klagt, zu schnell zur Vergebung bewegen zu wollen. Vergebung ist sicherlich ein wesentlicher »Gesundheitsfaktor«, bevor die Wunde heilen kann. Aber bei diesem Dienst wird irgendwann einmal der Punkt erreicht sein, an dem der Leidende seine Verwundungen vor dem, der ihm die Schmerzen zugefügt hat, offen aussprechen muss. Die Vergebung muss jedoch von Herzen kommen und das braucht Zeit.

Eine andere Versuchung liegt darin, den Trauerprozess vorzeitig abbrechen zu wollen. Jemand, der einen tiefen Schmerz erlebt hat, muss trauern dürfen, egal was für einen Verlust er erlebt hat. Das muss ihm zugestanden werden, ob es nun um den Verlust der Unschuld nach einem sexuellen Missbrauch, den Verlust der Sicherheit nach der Trennung der Eltern oder den Verlust des Selbstwertgefühls nach einer öffentlichen Bloßstellung geht. Es muss dem Hilfesuchenden gestattet sein, tiefe Trauer zu empfinden und die verschiedenen Stadien zu durchlaufen, bevor er damit beginnen kann, loszulassen und weiterzugehen.

Ein Problem bei manchen Ansätzen zur »inneren Heilung« ist, dass der Schwerpunkt für gewöhnlich auf der Vergangenheit liegt und die gegenwärtigen Schwierigkeiten nicht angesprochen werden. Dadurch wird aber keine ganze Arbeit geleistet. Roger hatte zwar gute Erfahrungen mit der »inneren Heilung« gemacht, sie trug jedoch wenig dazu bei, die leidvollen Jahre und die daraus resultierenden Störungen in seinem Leben zu bewältigen.

Befreiung als Wundermittel

Ein anderes Mal ging Roger bei einer großen christlichen Konferenz nach vorne, damit für ihn gebetet würde. Er wünschte sich, dass ein Wunder geschah. Die Leute, die mit ihm beteten, glaubten an die Befreiung von der Gebundenheit, die Roger ihnen beschrieb. Als sie die angeblichen Dämonen in ihm angehen wollten, bedrängten sie ihn regelrecht und setzten ihn unter Druck. Er war bestürzt. Seine größte Sorge, dass andere, die stärker waren als er, ihn kontrollieren könnten, wurde sehr schnell Realität und er geriet in Panik.

Als seine Ängste und Beklemmungen stärker wurden, wagte sich auch das Gebetsteam weiter vor – in der Gewissheit, dass sie auf dem rechten Weg waren. Nach einer zermürbenden Stunde beschlich Roger das unbestimmte Gefühl, als sei zu sehr in ihn eingedrungen worden, und es gelang ihm, sich davonzuschleichen. Wir leben in einer Welt des Fast Food und der Mikrowellenherde. Alles muss einfach sein und schnell gehen. Wir sind es nicht gewohnt, auf irgendetwas längere Zeit zu warten. Nur wenige von uns haben gelernt, ihre Wunschbefriedigung aufzuschieben. Auf der Suche nach Heilung war Roger auf dieses moderne Phänomen gestoßen.

Dr. Dan B. Allender weist in diesem Zusammenhang darauf hin, dass das Verlangen nach einer schnellen Heilung so groß ist wie die Sehnsucht nach dem Himmel. Er erklärt dies so: »Die Tragik dabei ist, dass viele nach einer billigen Lösung greifen und dadurch den schmalen Weg verpassen, der zu einem anhaltenden Geschmack vom Himmel führt.«[1]

Säkulare Therapieformen

Die säkulare Psychotherapie schien für Roger schließlich der einzige Ausweg zu sein. Sie bot die beste Hilfe an, die er bis dahin erfahren hatte, und vermittelte ihm viele wichtige Erkenntnisse zu seinem Problem. Das war Roger jedoch noch nicht genug.

Einsichten sind zwar wichtig und hilfreich, sie bringen jedoch noch nicht die erhofften Veränderungen zu Stande. Die professionelle Seelsorge und Psychotherapie bietet zwar Leuten mit so tief sitzenden Problemen, wie Roger sie hatte, eine kompetentere Hilfe an, der säkulare Ansatz führt aber in der Regel zu einem »Bankrott« des Glaubens.

Bevor ein Christ also in diesem Bereich nach Hilfestellung sucht, sollte er sich dessen bewusst sein und einige der Unterschiede zwischen der säkularen und der christlichen Therapie kennen. Damit soll in keinster Weise die wirklich effiziente Hilfe bestritten werden, die die säkulare Therapie vielen Ratsuchenden bietet.

Unterschiede zwischen christlicher und säkularer Beratung

Der erste große Unterschied liegt im *Menschenbild.* Die säkulare Welt hat sich für gewöhnlich einer humanistischen Sichtweise des Menschen verschrieben. Ein Humanist stellt den Menschen mit seinen Rechten und Bedürfnissen an die erste Stelle und unterstützt seine Suche nach persönlicher Erfüllung selbst auf Kosten anderer. Humanisten glauben, dass der Mensch von Grund auf gut ist und dass er die Möglichkeit hat, göttliche Züge anzunehmen.[2]

Der christliche Seelsorger hingegen setzt seinen Glauben in Gott und nimmt eine biblische Sichtweise des Menschen ein.

Er glaubt:

a) dass der Mensch ein geistliches Wesen ist, das zum Bilde Gottes erschaffen wurde; dass der Mensch die Fähigkeit besitzt, mit Gott in Beziehung zu treten und ihn zu ehren. Und in dieser Beziehung oder fehlenden Beziehung sieht ein Christ das Grundübel aller menschlichen Probleme begründet.
b) Der Mensch hat einen freien Willen. Er kann frei wählen.
c) Der Mensch ist ein gefallenes Geschöpf, dessen gesamtes Wesen durch die Sünde in Mitleidenschaft gezogen wurde. Das hatte zur Folge, dass der Mensch eigenwillig wurde und zur Ansicht gelangte, ohne Gott auskommen zu können. Und das wiederum hat zu einer Entfremdung von seinem Schöpfer und der Quelle seines Lebens geführt.

Ein weiterer Unterschied zwischen christlichem und säkularem Ansatz liegt in den *Maßnahmen,* die ergriffen werden, um Veränderungen herbeizuführen. Jede psychologische Schule hat ihre eigene Methodik entwickelt, um den Menschen zu verändern. Ein Christ kann zwar einige dieser Techniken im Verlauf der Seelsorge einsetzen, er wird sich jedoch nicht von einer methodischen Vorgehensweise oder bestimmten Technik abhängig machen, sondern sich auf das Leiten und Wirken des Heiligen Geistes stützen, um dem Ratsuchenden Heilung und gesunden biblischen Rat zu vermitteln.

Ein letzter wichtiger Unterschied zwischen der säkularen und der christlichen Beratung ist die *Zielsetzung.* Aus der Sichtweise eines säkularen Psychotherapeuten besteht die Zielsetzung in einer Linderung des Schmerzes und im Erreichen der persönlichen Zufriedenheit. Das wird als völlig angemessenes Ziel angesehen.Ein Christ wird natürlich auch auf Schmerzfreiheit und persönliche Zufriedenheit als Teil seiner Zielsetzung hoffen. Aber das letztendliche Ziel aller christlichen Seelsorgearbeit wird darüber hinaus das Reiferwerden im Glauben beziehungsweise die vertiefte, vertrauensvolle Beziehung zu Gott sein.

Die seelsorgerliche Begleitung sollte darin bestehen, dass ein Christ dem anderen hilft, die Blockaden aus dem Weg zu räumen, die ihn am persönlichen und geistlichen Wachstum hindern. Das ist ein »überirdisch« gutes, wichtiges Ziel, und das macht die christliche Seelsorgearbeit so wichtig und wertvoll. Wir sind dazu auserwählt und bestimmt, Jesus nachzufolgen und ihm ähnlich zu werden (Römer 8,29). Das ist Gottes Plan und Zielsetzung für seine Kinder.

Für ein anderes Ziel einzutreten, hieße das beste und höchste Ziel unseres Lebens zu verpassen. Weder die Patentlösung, einfach zu »vergessen und weiterzumachen«, noch eine schnelle Zauberformel oder ein »Wundermittel« noch die säkulare Psychotherapie erwiesen sich für jemanden wie Roger als angemessen. Zur gegebenen Zeit musste er vergeben und loslassen. Er musste sich von Gott trösten lassen und er musste Befreiung von seiner gewohnheitsmäßigen negativen Reaktion auf Nähe erfahren. Aber keines dieser Dinge konnte auf Knopfdruck erfolgen. Zeit und Geduld waren nötig, bevor er sich langsam auf seinem Weg vorwärts kämpfen konnte.

In diesem Buch geht es also um einen Wachstumsprozess, in dem wir uns alle befinden. Für Roger wie für viele andere stellt er sich als beschwerliche und langwierige Reise dar. Durch ihn wurde mir erst so richtig bewusst, wie zerstörerisch sich unsere Selbstschutzmechanismen auswirken können und wie schwierig es ist, sie zu verändern oder abzulegen. Ich glaube, das liegt im Wesentlichen daran, dass wir uns so leicht etwas vormachen können. Viele wissen gar nicht, welch subtile Methoden sie anwenden, um sich selbst vor einem inneren Unbehagen zu schützen, auch wenn die Mittel, die sie einsetzen, veraltet und ungesund sind.

Ich wage zu hoffen, dass dieses Buch Ihnen dabei helfen kann, einige der Gewohnheiten und Verhaltensmuster aufzudecken, mit denen Sie immer noch leben – sei es aus Unwissenheit oder, wie in Rogers Fall, weil Sie nicht wissen, wie Sie etwas ändern können.

Das Buch spricht all jene an, die bereit sind, ihr Herz auf Veränderung auszurichten und sich auf den Weg zu machen. »Wenn sie durchs dürre Tal ziehen, wird es ihnen zum Quellgrund.« Und der Psalmist spricht davon, dass sie »von einer Kraft zur andern« gehen, bis sie eines Tages vor Gott stehen und ihre Wanderschaft ein Ende hat (Psalm 84,7-8).

Kapitel 1

Hindernisse auf dem Weg zur Veränderung

Gottes Plan und Ziel besteht darin, ein Volk zu haben, das seinem Sohn immer ähnlicher wird. Diese Veränderung vollzieht sich allerdings nicht über Nacht. Es ist ein lebenslanger Prozess des Heilwerdens. Und die erforderlichen Änderungen stellen sich manchmal nur sehr langsam ein. Vielleicht werden sie sogar gänzlich blockiert.

»Bei all unserem Bemühen um Veränderung«, so bemerkt Larry Crabb, »ist eine Frage von besonderer Wichtigkeit: Was genau ist nicht in Ordnung?«[1]

Wir kämpfen mit einer Reihe von Schwierigkeiten: Angst, Ärger, Depression, Unsicherheit, Schuld, Selbsthass, um nur einige zu nennen. Wo rühren diese Probleme her, und warum finden wir eine Veränderung so schwierig? Mit Recht hört man vielfach den Ausspruch: »Wir wollen alle wachsen, aber keiner von uns will sich verändern.«

Individuelle Charaktere

Unsere Suche nach einem Lösungsansatz muss allerdings auch unsere individuellen Unterschiede beziehungsweise Charakterzüge berücksichtigen. Einige dieser Charakterzüge haben wir sicherlich von unseren Vorfahren geerbt.

Ich habe zum Beispiel den Hang zum Introvertiertsein. Ich neige dazu, meine Gedanken eher für mich zu behalten, zu verinnerlichen, als sie nach außen zu tragen. Das ist wohl ein Charakterzug, den ich väterlicherseits geerbt habe, eine Neigung, die weder recht noch schlecht ist, so wie es auch nichts Verkehrtes ist, Rechts- oder Linkshänder zu sein. Von der mütterlichen Seite habe ich andere Eigenschaften geerbt wie zum Beispiel gewisse Führungsqualitäten.

Diese beiden Charaktereigenschaften machen mich unter anderem zu einem einzigartigen Individuum. Sie machen mich zu dem, was ich bin. Leider kann unser Hang zur Egozentrik dazu führen, dass diese Eigenschaften zu Stolpersteinen auf unserem Weg zur Ganzheitlichkeit werden können. Wir haben den Auftrag, uns untereinander zu lieben (Johannes 13,34). Und es kann nun mal nicht sehr liebenswürdig sein, wenn man drei Stunden mit jemandem zusammen Auto fährt, ohne ein Wort mit ihm zu wechseln, was mir schon des Öfteren passiert ist. Wie oft hat mein Mann schon versucht, mich in ein Gespräch zu verwickeln, und hat von mir nur einen grimmigen Blick geerntet. Ich bin einfach meinen Neigungen gefolgt.

Wie leicht kann es auch passieren, dass man bestimmte Dinge und Situationen in die eigene Hand nehmen will, weil man ein geborener Leiter ist, und dabei achtlos auf den Gefühlen anderer Leute herumtrampelt. Und so kann es sein, dass unsere einzigartigen Wesenszüge zum Stein des Anstoßes werden, wenn wir sie aus den verschiedensten Gründen achtlos oder eigennützig zum Ausdruck bringen.

Widernatürliche Eigenschaften

Wir können aber auch durch unsere widernatürlichen Eigenschaften andere behindern. Wir sind von Geburt an gefallene Geschöpfe und das zieht alles, was wir tun, in Mitleidenschaft.

König David konnte ein Lied davon singen: »Siehe, ich bin als Sünder geboren, und meine Mutter hat mich in Sünden empfangen« (Psalm 51,7). Paulus hatte mit dem gleichen Problem zu kämpfen und versuchte, es den Christen in Rom verständlich zu machen: »Wollen habe ich wohl, aber das Gute vollbringen kann ich nicht. Denn das Gute, das ich will, das tue ich nicht; sondern das Böse, das ich nicht will, das tue ich« (Römer 7,18-19).

Die Psychologie hat versucht, uns von der Vorstellung der Sünde als Ursache für das menschliche Leiden abzubringen und die ganze Idee der Sünde für falsche Schuldgefühle verantwortlich zu machen. »Aber«, so schreibt Archibald Hart, »würden die Psychologen und Seelsorger die Rolle vernachlässigen, die die Sünde bei der Entwicklung gestörter Verhaltensmuster spielt, dann wäre das so, wie wenn die Ärzte den Zusammenhang zwischen Krankheitserregern und Krankheit ignorieren würden.«[2]

Die Sünde betrifft unser ganzes Leben

Für den ersten Mann und die erste Frau war die Sünde ein bewusster Akt des Ungehorsams. Sie entschieden sich willentlich dafür, unabhängig von Gott sein zu wollen. Egal, welche Sünde es auch betrifft, es handelt sich dabei immer um die Taten von Menschen, die ihren Willen durchsetzen wollen anstatt den Willen Gottes. Das ist eine bewusste Entscheidung, die Erfüllung außerhalb seines Willens zu suchen und zu finden.

Gottes Volk, die Israeliten, wählten diesen Weg der (vermeintlichen) Unabhängigkeit immer wieder, auch wenn das kein gutes Ende nahm. Gott machte dies durch den Propheten Jeremia deutlich: »Mein Volk hat doppeltes Unrecht verübt: Mich, die Quelle frischen Wassers, hat es verlassen; stattdessen gräbt es sich Löcher für Regenwasser, die auch noch rissig sind und das Wasser nicht halten« (Jeremia 2,13). Wasser ist überlebenswichtig für den Menschen. Wenn in der Bibel vom lebendigen Wasser gesprochen wird, ist das für gewöhnlich ein Hinweis auf eine Quelle, die erfrischt und Leben spendet. Gott wollte seinem Volk all das bieten, denn er wusste, dass es auf Erden keinen anderen Platz gab, an dem es wahre Erfrischung und Befriedigung finden würde. Alle anderen Möglichkeiten hätten nur zu Enttäuschung und Frustration geführt.

Jesajas Botschaft lautet ähnlich: »Ihr aber schürt das Feuer und bereitet Brandpfeile vor. Deshalb müßt ihr in eurem eigenen Feuer umkommen und werdet selbst von den Pfeilen getroffen, die ihr angezündet habt. Der Herr wird dafür sorgen, daß ihr in Qualen endet« (Jesaja 50,11).

Brandfackeln, an denen die Pfeile entzündet wurden, wurden zum Schutz und zur Beleuchtung errichtet. Die Flammen hielten die wilden Tiere fern und spendeten zugleich Licht. Beide Bedürfnisse sind wichtig. Das abtrünnige Israel suchte immer wieder vergebens Schutz und Erleuchtung bei falschen Göttern und fremden Nationen. Immer wenn sie Gott verwarfen, endete dies in einem schrecklichen Unglück. Diese Lektion mussten sie und ihre Nachfahren immer wieder von neuem lernen. Wie wir noch sehen werden, so ist das Unabhängigkeitsstreben von Gott weg ein bedeutendes Hindernis für ein erfülltes, heiles Leben. Der Ungehorsam des Menschen führte zu weiterem Leid. Die Welt selbst wurde zu einem korrupten Ort, nicht so sehr durch die Sünde eines bestimmten Menschen, sondern als Folge der Entfremdung des Menschen von Gott.

Ein verseuchter Planet

Wir leben heute auf einem verseuchten Planeten. Physisch, moralisch und geistlich gesehen befindet sich diese Welt in einem Zerfallsprozess. Jeder Teil der Gesellschaft ist von der Sünde betroffen, ja vergiftet. Das heißt, dass der Schmerz, das Leiden, Krankheit, Ungerechtigkeit, Isolation, Schikanen für alle von uns zum Leben gehören, sozusagen ein Teil des Lebens sind. Keiner von uns wird sterben, ohne dass er zuvor auf die eine oder andere Art Leid am eigenen Leib verspürt hätte. M. Scott Peck beginnt sein Buch »The Road Less Travelled« (Die wenig begangene Straße) mit den Worten: »Das Leben ist schwer.« Er fährt fort und schreibt: »Da das Leben eine endlose Serie von Problemen aufwirft, ist das Leben immer schwierig und voller Schmerzen wie auch voller Freude.«[3]

Das heißt, dass die Probleme, mit denen Sie sich gerade herumschlagen, nicht durch irgendetwas hervorgerufen sein müssen, was Sie getan haben. Sie können völlig unberechenbar und einfach die Folge davon sein, dass wir in einer gefallenen Welt leben. Der Bankrott einer Firma ist zwar vermutlich auf das Fehlverhalten einiger Menschen zurückzuführen, doch diese haben wahrscheinlich nicht gewollt, dass die Firma Pleite geht. Und die Mitarbeiter sind davon betroffen, ohne dass sie sich etwas zu Schulden kommen ließen. Vielleicht haben Sie Ihren Mann oder einen nahen Freund verloren, oder Sie und Ihr Ehepartner sind arbeitslos geworden.

Diese Art von Problemen verursacht eine Vielzahl starker Gefühle wie Ärger, Traurigkeit, Bedauern und Angst. Das sind Gefühle, mit denen man nicht so leicht fertig wird. Und doch kann gerade unsere Haltung den Problemen des Lebens gegenüber den feinen Unterschied ausmachen zwischen Wachstum und Stillstand. Die Schwierigkeiten, die das Leben nun einmal mit sich bringt, können entweder eine Hilfe zur Veränderung oder ein Stein des Anstoßes für uns sein – je nachdem, welche Haltung wir einnehmen.

Wie jeder von uns die Probleme des Lebens angeht und bewältigt, hat viel damit zu tun, was für Erfahrungen wir in den prägenden Jahren der Kindheit gemacht haben, was uns geformt hat und was uns gelehrt wurde. Diese Jahre prägen uns in großem Maße und machen uns zu den Menschen, die wir heute sind.

Kritteleien

Was uns in der Kindheit beigebracht wurde, mag absolut vernünftig, sinnvoll und hilfreich gewesen sein. Für ein Kind ist es zwar ziemlich nervtötend, immer und immer wieder zu hören zu bekommen, dass es sich vor dem Essen die Hände waschen soll, trotzdem ist es ein vernünftiger Ratschlag, den man im späteren Leben gewöhnlich befolgen und an seine eigenen Kinder weitergeben wird. Aber einige der Belehrungen, die Kindern mit auf den Weg gegeben werden, sind nicht nur unsinnig, sondern auch schädlich.

Einer Freundin von mir, deren Vater bei der Armee war, wurde immer wieder eingebläut, dass die Tochter eines Soldaten nicht weint. Sie lernte tapfer, ihre Tränen zurückzuhalten, wenn etwas Schmerzliches passierte. Und allmählich wurde diese irrsinnige Ansicht zu einem Teil der Lebensweise meiner Freundin. Wie traurig der Anlass auch war, sie weinte keine Träne. Selbst als ihre geliebte Oma starb, war sie unfähig, aus dem zwanghaften Schema auszubrechen und auf eine Art zu trauern, die ihren Schmerz gelindert hätte. Stattdessen unterdrückte sie den Wunsch, laut zu weinen, und setzte eine Maske auf, mit der sie die starke Frau markierte. Es dauerte Jahre, bis sie ihre Gefühle zulassen und in angemessener Weise um den Verlust ihrer Großmutter trauern konnte.

Es ist zwar traurig, aber wahr, dass es hier in der westlichen Welt an der Tagesordnung ist, seine Gefühle zu unterdrücken. Die Unterdrückung von Gefühlen verhindert jedoch, dass schwierige und schmerzliche Erfahrungen zu einem inneren Wachstum oder zu Veränderungen im Leben führen. Die Unterdrückung von Gefühlen erhöht dagegen die Gefahr, eine Neurose zu entwickeln, und fördert keineswegs das gesundheitliche Wohlbefinden.

Vielen Kindern werden schon im frühen Stadium immerzu negative Informationen eingetrichtert. Werturteile über ihre Intelligenz werden freimütig geäußert, und wenn ein Erwachsener ein Urteil abgibt, glaubt ein Kind meist daran.

Äußerungen wie: »Du bist ja so dumm. Aus dir wird nie was!«, gehen dann über eine subjektive Meinung hinaus und werden als wahr empfunden. Solche Negativ-Informationen können wie ein Fluch auf dem Leben eines Menschen liegen und in ihm den totalen Verlust seines Selbstvertrauens und seiner Selbstachtung bewirken.

Das war auch Rogers Problem. Er war ein intelligenter Mann, aber all die Jahre, in denen er mit Worten niedergeknüppelt worden war, hatten dazu geführt, dass er eine sehr geringe Meinung von sich hatte. Das führte dazu, dass er sich davor fürchtete, andere zu nahe an sich heranzulassen – aus Angst, sie könnten merken, dass er so dumm war, wie er sich selbst einschätzte. Er hatte so mit den Lügen gelebt, die seine Eltern ihm als Kind eingetrichtert hatten, als entsprächen sie der Wahrheit.

Normalerweise schleicht sich bei liebevollen Eltern an diesem Punkt der Schreckensgedanke ein, sie hätten das Leben ihres Kindes zerstört, weil sie ihm zuweilen negative Vorhaltungen gemacht haben. Wir sprechen hier aber nicht über gelegentlich auftretende Überreaktionen überforderter Eltern auf das unerträgliche Verhalten eines Kindes, sondern über zerstörerische Beschimpfungen, die über einen entscheidenden Zeitraum hinweg immer wieder ausgedrückt werden und darauf abzielen, das Kind zu verletzen.

Schlechte Vorbilder

Eltern sind auch Vorbilder für ihre Kinder. Sie leben ihnen vor, wie sie ihr Leben führen sollen. Dies ist eine sehr eindrückliche Form von Erziehung, aber auch eine, die unbewusst abläuft. Dem Kind wird eine Verhaltensweise vorgelebt, die es wahrscheinlich für den Rest seines Lebens beibehalten wird.

Eltern zeigen ihren Kindern, wie sie eine Gabel und ein Messer zu halten haben, wie sie andere anreden sollen, wie sie mit Konflikten umzugehen haben, wie sie Liebe ausdrücken können, wie sie vergeben oder gegebenenfalls nicht vergeben können. Ein Kind nimmt all dies auf einer unbewussten Ebene wahr und verhält sich gewöhnlich genauso, ohne dass ihm bewusst wird, dass es das Verhalten nachahmt, das es gerade beobachtet hat.

Ich erinnere mich noch, wie ich nach unseren Flitterwochen morgens in unserer Wohnung aufwachte und darauf wartete, dass David aufstand. Ich wartete und wartete. Schließlich fragte ich ihn, wann er denn gedenke, aufzustehen. »Nach dir«, war seine Antwort.

Ich war schockiert. »Aber der Mann steht doch immer zuerst auf«, protestierte ich.

»Oh nein«, entgegnete David, »die Frau steht zuerst auf.«

Das war ein Thema, über das wir uns nie unterhalten, geschweige denn einen Gedanken daran verschwendet hatten. Wir gingen einfach davon aus, dass die Lebens- und Verhaltensweise unserer eigenen Familie die Norm war. In meiner Familie stand mein Vater immer zuerst auf und in Davids Familie war es die Mutter.

Ein weiterer Unterschied, den wir bei uns feststellten, war die Art, wie wir mit Konflikten umgingen. In meiner Familie reagierte mein Vater stets still und zurückhaltend, während meine Mutter aufbrauste. Ich habe beide beobachtet und wahrscheinlich beschloss ich auf Grund meines natürlichen Hangs zur Introvertiertheit, dass mein Vater es richtig machte, und ahmte deshalb sein Verhalten nach. Infolgedessen reagierte ich stumm auf unsere erste Auseinandersetzung und wollte nicht darüber reden. Sicher kein guter Weg der Konfliktlösung!

Schmerzliche Erfahrungen

Sowohl die in Worte gefassten Anweisungen als auch das sichtbare Vorbild derer, die Autorität über uns ausüben, tragen dazu bei, unser Leben zu prägen. Es gibt jedoch noch etwas anderes, was letzten Endes wichtiger erscheint, wenn es darum geht, unser Leben zu formen: die Erfahrung.

Die Erfahrungen eines Kindes beeinflussen es in viel stärkerem Maße als alles andere. Wenn ein Kind ein Erlebnis hat, weiß es, dass dies geschieht, denn die Erfahrung trügt nicht. Nicht nur das Ereignis, sondern auch die Schlussfolgerungen, die es daraus zieht, erscheinen ihm wahr.

Die Erfahrung, mit einem engagierten, liebevollen Vater zu spielen, kann ein Kind davon überzeugen, dass es als Person wertvoll ist. Die so gewonnene Wertschätzung seiner Selbst wird mit ins Erwachsenenleben hineingenommen und ist nicht so einfach zu erschüttern, auch wenn es auf viele Schwierigkeiten stoßen mag. Umgekehrt können schmerzliche Erfahrungen mit gleichgültigen oder überkritischen Eltern in einem Kind Angst vor der Obrigkeit erzeugen und bewirken, dass es kein Selbstvertrauen entwickelt. Die daraus resultierende Nervosität und Gehemmtheit können bewirken, dass es in Situationen versagt, denen es eigentlich durchaus gewachsen wäre.

Es ist interessant zu sehen, dass die meisten flüchtigen Bilder, Einfälle und Gedanken, die wir täglich wahrnehmen, fast augenblicklich wieder untergehen und nur Eindrücke, die sich wiederholen, die bedeutsam oder emotional befrachtet sind, im Langzeitgedächtnis haften bleiben. Das liegt wahrscheinlich daran, dass bei dieser Art von Erfahrung das Gehirn mit Adrenalin durchströmt wird und elektrische Vorgänge in den Gehirnzellen stimuliert werden.[4]

Die meisten schmerzlichen Erfahrungen in der Kindheit haben mit einer Art von Verlust zu tun. Angefangen beim tragischsten Verlust, dem Tod eines Elternteils, bis hin zu einem weniger schlimmen Erlebnis, zum Beispiel dem Gesichtsverlust beim Spielen, kann ein Verlust beim Kind eine dauerhaft negative Prägung fürs ganze Leben hinterlassen, wenn sich keine Gelegenheit ergibt, über diese schlimme Erfahrung zu sprechen und sie zu bewältigen. Viele schleppen tief im Innern schmerzliche Erinnerungen an Verluste mit sich herum. Manchmal sind diese so tief vergraben, dass sie fast nicht mehr zugänglich sind. Andere wiederum befinden sich so nah an der Oberfläche, dass sie jeden Moment hervorbrechen könnten, wenn nur die Gelegenheit dazu da wäre.

Der Psychiatrieprofessor Dr. Irvin Yalom hat bereits mehrfach das folgende Experiment durchgeführt: Drei- bis vierhundert Menschen werden in einen großen Saal gesteckt und aufgefordert, jeweils Paare zu bilden und ihrem Partner immer wieder eine einzige Frage zu stellen: »Was willst du?«

Das ist eine so einfache, gewöhnliche Frage – und doch ist der Raum innerhalb von wenigen Minuten emotionsgeladen. Erfolgreiche, gut situierte und schick gekleidete Leute werden dabei in ihren Grundfesten erschüttert. Sie rufen Menschen, die sie verloren haben – toten oder abwesenden Eltern, Geliebten, Kindern, Freunden – zu: »Ich will deine Liebe!« – »Ich möchte dich wieder sehen!« – »Ich möchte, dass du stolz auf mich bist.«

Da ist so viel Wollen und so viel Sehnen und so viel Schmerz so nah an der Oberfläche. Schicksals-Schmerz, Existenz-Schmerz, Schmerz, der immer da ist, der beständig direkt unter der Oberfläche des Lebens schwelt.[5]

Verluste, die wir erleben, können unermessliche Schmerzen und unsagbares Leid hervorrufen. Wenn sie ungelöst unter der Oberfläche bleiben, leiden wir unter den traumatischen Folgen. Bevor wir uns jedoch den Folgen zuwenden, müssen wir uns mehr um die Ursachen bemühen und diese eingehender beleuchten. Es gibt zwei grundlegende Voraussetzungen für die physische und emotionale Gesundheit eines Kindes – und das sind Sicherheit und Selbstwertgefühl.

Welche Art von Erfahrungen können aber dazu führen, dass ein Kind diese beiden grundlegenden Dinge verlieren kann?

Kapitel 2

Verlust der Sicherheit

Verlust ist eine Erfahrung, die uns allen vertraut ist. Jeder hat in seinem Leben schon einmal so etwas wie den Verlust einer Freundschaft, der beruflichen Position, einer geschätzten Sache oder einen Gesichtsverlust erlebt, um nur einige zu nennen. Für ein Kind ist jeder Verlust etwas Schmerzliches, wie unbedeutend er vielleicht einem Erwachsenen auch erscheinen mag.

In einer funktionierenden Familie, in der eine gute Kommunikation stattfindet und zwei Elternteile da sind, die liebevolle Unterstützung geben können, kann der Verlust auf eine gesunde Art verarbeitet werden. In einer offenen, gesprächsbereiten und einfühlsamen Atmosphäre kann es zu einer Bewältigung der normalen Verlusterlebnisse in der Kindheit kommen. Diese Art von Zuhause sollte jedem Kind zustehen, aber vielen Kindern wird dieses Recht verwehrt.

Ein hoher Anteil an Familien ist nicht besonders gut im Kommunizieren und in unserer heutigen schnelllebigen, hoch technisierten Gesellschaft sind viele Eltern nicht mehr in dem Maß für ihre Kinder da, wie das wünschenswert wäre. Und es ist auch nicht mehr genug Zeit da für einen kontinuierlichen Liebesprozess, der so wichtig für die Entwicklung gesunder Kinder ist. In den Familien, in denen es zu unabwendbaren Verlusten kommt und keine Möglichkeit vorhanden ist, diese zu verarbeiten, bleibt dem Kind keine andere Möglichkeit, als seinen eigenen Weg zu finden, mit diesem Schmerz umzugehen.

Gelegentlich kann es sogar vorkommen, dass die Eltern selbst so gestört sind, dass sie es nicht nur versäumen, eine gesunde Umgebung für ihre Kinder zu schaffen, sondern sogar selbst die Ursache für den Verlust im Leben ihrer Kinder sein können. Wenn das so ist, dann wird es für das Kind lebensnotwendig, eine Überlebensstrategie zu entwickeln.

Die zwei bedeutendsten Verluste im Leben eines Menschen sind der Verlust der Sicherheit und der Verlust des Selbstwertgefühls. Ein Baby kommt völlig abhängig und mit dem Grundbedürfnis auf die Welt, beschützt, umsorgt und geliebt zu werden – mit anderen Worten, sich sicher zu fühlen. Ein Gefühl der Unsicherheit kann sich aber schon sehr früh breit machen, wenn die folgenden Dinge eintreten:

»Du bist nicht willkommen«

Als ich Angie zum allerersten Mal begegnete, war sie körperlich und emotional am Ende. Sie erzählte mir, dass sie sich so fühle, als hänge sie – das Gesicht nach unten – an einem Faden über dem Abgrund. Ihr Leben drehte sich um eine Vielzahl von Aktivitäten und sie rannte buchstäblich von einer Verpflichtung zur nächsten. Es war schon ermüdend, nur ihre Tagebuchaufzeichnungen zu lesen.

Angie war ein »Helfertyp«, wie er im Buche stand. Sie konnte zu keiner Bitte Nein sagen. Als ich sie fragte, warum das so sei, wusste sie keine Antwort darauf. Allmählich jedoch kam es heraus: Nur wenn sie andere glücklich machen konnte, fühlte sie sich wohl und nützlich. Wenn andere mit ihr zufrieden und ihr dankbar waren, fühlte sie sich – zumindest für eine gewisse Zeit – zugehörig und so, als habe sie sich ihre Lebensberechtigung verdient.

Tief im Innern klaffte bei Angie jedoch ein gähnendes Loch der Unsicherheit. Sie war als Nachzügler der Familie geboren worden– ein höchst unwillkommener Ausrutscher sozusagen! Sie hatte sich von ihren Eltern ihr Leben lang ungewollt gefühlt.

Mutter Teresa sagte einmal, dass sie in den Jahren, in denen sie unter den Obdachlosen von Kalkutta gearbeitet hatte, mehr und mehr zur Erkenntnis gelangt war, dass das Gefühl, unerwünscht und ungewollt zu sein, das schlimmste Leiden sei, das ein menschliches Wesen je erfahren könne.

»Für alle möglichen Krankheiten gibt es heutzutage eine Medizin und ein Heilmittel. Leprakranke können geheilt werden. Es gibt eine Medizin gegen Tuberkulose. Aber für das Gefühl, ungewollt zu sein, gibt es kein Gegenmittel, und ich glaube, dass diese schreckliche Krankheit nie geheilt werden kann außer von dienstbereiten Händen und einem liebenden Herzen.«[1]

Dr. Thomas Verney ist der Ansicht, dass das primäre Gefühl, willkommen und akzeptiert zu sein, einen dauerhaft prägenden Einfluss bei einem Kind hinterlassen kann. In seinem Buch »The Secret Life of the Unborn Child« (Das Seelenleben des Ungeborenen) beruft Dr. Verney sich auf eine Studie, die an 2000 Frauen durchgeführt wurde. Dr. Monika Lukesch, Psychologin an der Universität Frankfurt, die diese Studie betreut hat, zieht dabei folgende Schlussfolgerung:

Die Kinder von Müttern, die ihren Nachwuchs wollten und willkommen hießen, waren bei der Geburt und auch danach emotional und körperlich viel stabiler als die von Müttern, die ihren Kindern ablehnend gegenüberstanden.[2]

Offensichtlich besteht eine starke Verbindung zwischen der Mutter und ihrem ungeborenen Kind. Sie haben kein gemeinsames Gehirn und noch nicht einmal eine gemeinsame Blutzufuhr, aber durch die Plazenta ist der heranwachsende Embryo den Hormonen und Emotionen ausgesetzt, die die Mutter produziert. Sicher können Substanzen wie Adrenalin, Noradrenalin, Serotonin, Oxytozin usw. in die Plazenta gelangen und das ungeborene Leben beeinflussen.

Dr. Emil Reinold, ein österreichischer Gynäkologe, veranschaulichte dies anhand eines einfachen Experiments: Man bat schwangere Frauen, sich etwa dreißig Minuten lang auf eine Liege unterhalb eines Ultraschallgerätes zu legen. Dr. Reinold verriet ihnen dabei nicht, dass das Kind bei einer solchen Position der Mutter schließlich auch zur Ruhe kommt beziehungsweise ruhig daliegt. Als jedes der Kinder sich so entspannte, wurde den werdenden Müttern nur gesagt, dass sich ihr Baby nicht bewegen würde. Diese Information rief bei den Schwangeren sofort eine Schreckreaktion hervor. Sekunden, nachdem die Frauen erfahren hatten, dass sich ihr Kind nicht bewegte, fingen die Kinder auf dem Monitor an, sich unruhig zu bewegen. Keines der Babys befand sich in einer lebensbedrohlichen Situation, aber sobald sie die innere Unruhe ihrer Mutter spürten, fingen sie an, wie wild um sich zu treten.[3]

Die amerikanische Talkshow-Berühmtheit Oprah Winfrey beschrieb einmal sehr eindrucksvoll und zutreffend das Kind im Leib einer sehr feindseligen Mutter als ein »im Zorn seiner Mutter mariniertes« Geschöpf.

Wie Dr. Verney betont, ist der Mutterleib die erste Welt des Kindes. Wie es diese erlebt – freundlich oder feindlich –, bestimmt seine eigene Persönlichkeit und seine Charakterveranlagungen. Der Mutterleib bildet auf ganz reale Weise die Erwartungshaltung des Kindes heraus. Ist es eine warme, liebevolle Umgebung, wird das Kind aller Voraussicht nach erwarten, dass die Welt draußen auch so sein wird. Dies schafft eine Vorveranlagung für Vertrauen, Offenheit, Mitteilungsfähigkeit und Selbstvertrauen. Ist die Umgebung im Mutterleib dagegen feindselig oder abweisend, wird das Kind erwarten, dass seine neue Welt ebenso wenig einladend sein wird.[4]

Vernachlässigung

Wahrscheinlich ist für ein kleines Kind kein Verlust so verheerend wie der Verlust seiner Mutter. Je früher er eintritt, desto tiefer geht die Wunde. Dr. Frank Lake sieht in der Zerstörung der wichtigsten Beziehung zur Mutter, insbesondere wenn sie in den ersten Monaten erfolgt, eine Art emotionalen Tod. Er »wird als gefährliches Dahinschwinden von Hoffnung und Erwartung erlebt, als eine Gewissheit, dass man nicht fähig sein wird, lange genug auszuhalten, als ein Gefühl, dass die in der Trennung verbrachte Zeit gleichbedeutend mit einem herannahenden Tod des Geistes ist.«

Ein solches Erlebnis kann auch zu einer schrecklichen Trennungsangst führen. Einsamkeit wird unerträglich. »Anstatt sich weiterhin als ein richtiges menschliches Wesen zu fühlen, indem man sich mit einer liebenden und bedeutsamen Person identifiziert, und zwar über die mütterliche Quelle des Daseins, erlebt der Säugling einen schmerzlichen Zustand des Nicht-Akzeptiertwerdens und der Zurückweisung, das Gefühl, als Person vom Leben ausgeschlossen beziehungsweise abgeschnitten zu sein und nicht mehr ›er selbst‹ sein zu können.«[5]

Wann immer ein Verlust auftritt, reißt er tiefe Wunden. Der berühmte Schriftsteller C. S. Lewis verlor seine Mutter, als er noch ein kleiner Junge war. Er schreibt: »Mit dem Tod meiner Mutter verschwand alles gefestigte Glück, alles Ruhige und Verlässliche aus meinem Leben. Spaß, Vergnügen und viele Stiche der Freude sollten noch kommen; aber die alte Geborgenheit war dahin. Es gab nur noch Meer und Inseln; der große Kontinent war versunken wie Atlantis.«[6]

Eine Mutter allmählich, über Monate der Krankheit hinweg, zu verlieren, wie C. S. Lewis und sein Bruder dies durchlebten, kann weit reichende Folgen haben. Er erinnert sich daran, wie sie sie langsam verloren, »so wie sie allmählich aus unserem Leben in die Hände von Krankenschwestern, in fiebrige Delirien und in den Dämmerschlaf des Morphiums entschwand, wie unser ganzes Dasein sich in etwas Fremdes und Bedrohliches verwandelte, als das Haus sich mit merkwürdigen Gerüchen und mitternächtlichen Geräuschen und geflüsterten Gesprächen füllte«[7].

Die Krankheit seiner Mutter hatte zwei weitere Auswirkungen, von denen C. S. Lewis eine als sehr schlimm und die andere als sehr gut empfand. Die schlimme Auswirkung war, dass der Verlust die Jungen beinahe ebenso von ihrem Vater wie von ihrer Mutter trennte. »Unter dem Druck der Angst wurde sein Temperament unberechenbar; er redete wild und handelte ungerecht. So verlor der Unglückliche während jener Monate, ohne es zu wissen, durch eine eigentümliche Grausamkeit des Schicksals nicht nur seine Frau, sondern auch seine Söhne.«[8]

Dies hatte zur Folge, dass die Brüder sich enger aneinander schlossen, »wie zwei verängstigte Straßenjungen, die sich in einer trostlosen Welt aneinander kauern, um Wärme zu finden«[9]. Diese Beziehung zu seinem Bruder war in C. S. Lewis' Augen die gute Folge. Zum Glück hatten sie noch einander. Aber ihre Nähe und Vertrautheit linderte seinen Schmerz nicht.

Der Film »Shadowlands«, der das Leben von C.S. Lewis beschreibt, bringt zum Ausdruck, dass C. S. Lewis nie angemessen um seine Mutter trauerte, als diese starb. Es scheint, dass seine tiefe Traurigkeit beim frühzeitigen Tod seiner Frau viele Jahre später durch dieses erste, nicht bewältigte Verlusterlebnis noch verstärkt wurde.

Die Sicherheit, die aus der Anwesenheit der Mutter entsteht, kann man aber auch aus anderen Gründen als dem Tod verlieren. Scheidung, Krankheit, Depression oder irgendeine Art von Abhängigkeit können ein Kind ebenfalls der Mutter berauben. Zum Beispiel kann die traumatische Erfahrung der Scheidung eine Frau zu inneren Kämpfen mit ihren negativen Gefühlen führen. Sie kann in eine

Depression abgleiten und Medikamente benötigen, um dies alles zu überstehen.

Als wir Rachel zum ersten Mal sprachen, war sie unfähig, zu arbeiten und sich angemessen um ihre drei Kinder zu kümmern. Als ihr Mann wegen seiner Sekretärin die Familie verließ, brach Rachel zusammen und musste sich von ihrem Arzt Antidepressiva verschreiben lassen. Ein Jahr später war sie immer noch in ihrer Depression gefangen und brauchte noch mehr Psychopharmaka, um sich auf den Beinen zu halten. Die Kinder hatten nicht nur ihren Vater verloren, sondern auch ihre Mutter. Ihre seelische Verfassung war so schlecht, dass sie die meiste Zeit über geistig abwesend war.

Der Grund für vorenthaltene Fürsorge muss aber nicht immer so etwas Dramatisches sein wie der Tod oder eine Scheidung. Es kann auch einfach nur Überbeschäftigung sein.

Carol war eine verheiratete Frau mittleren Alters und litt unter einem immer wiederkehrenden Problem: Sie war sehr besitzergreifend in ihren Freundschaften zu anderen Frauen. Diese Beziehungen begannen immer als ganz normale Freundschaften. Carol fing jedoch jedes Mal an, allmählich unrealistische Forderungen an ihre neue Freundin zu stellen. Sie brauchte immer mehr Aufmerksamkeit, mehr Zuwendung, mehr Liebe. Ihre Erwartungen gingen weit über das hinaus, was man normalerweise von einem anderen Menschen erwarten konnte. Jedes Mal kam es zu Neid, Groll und schlimmen Szenen. Schließlich ging die Freundschaft mit einem großen Knall auseinander und ließ beide Beteiligten gleichermaßen verwirrt und verletzt zurück.

Carols familiärer Hintergrund ließ einige Rückschlüsse auf ihre besitzergreifende Art zu. Ihre Mutter war nie ausgesprochen mütterlich gewesen und war froh, wenn sie die Kinder der Obhut einer Reihe von häufig wechselnden Kindermädchen anvertrauen konnte. Sie war für gewöhnlich zu beschäftigt, um den Kindern mehr als nur einen flüchtigen Kuss zu geben. Carol fühlte sich betrogen. Wenn ein Kind geboren wird, kommt für die meisten Mütter die so genannte Zeit der »vorrangigen mütterlichen Beschäftigung« mit ihrem Kind. Das ist eine Zeit, in der das Kind sich als etwas ganz Besonderes fühlen kann. Es ist eine Zeit, in der das Kind viele Liebkosungen und extrem viel Zuwendung von seiner »Mami« erfährt. Der Verlust dieser einzigartigen, unwiederbringlichen Gelegenheit hinterließ in Carols Seele eine dauerhafte Lücke. Selbst im Erwachsenenalter blieb diese Lücke bei Carol bestehen.

Immer wenn eine Frau ihr mit Freundlichkeit und Liebenswürdigkeit begegnete, wurde Carols noch immer ungestilltes Bedürfnis wieder erweckt. Dabei war sie sich überhaupt nicht bewusst, wie sie reagierte und dass sie immer anfing, eine totale Aufmerksamkeit einzufordern, wie sie eigentlich nur ein kleines Kind von seiner Mutter erwarten kann.

Ein weiterer Grund für mangelnde Fürsorge kann fehlende Sensibilität oder ein sprunghaftes, unberechenbares Temperament eines Elternteils sein.

Sarahs Kindheitserinnerungen waren untrennbar mit einer schrecklichen Angst verbunden. Sie wusste nie, in welcher Stimmung sich ihre Mutter gerade befand. Solange die Familie tat, was die Mutter wollte, und ihre Bedürfnisse an erster Stelle standen, herrschte eitel Freude und Sonnenschein. Aber wenn ihr Mann oder die Kinder auch nur das geringste Anzeichen von Unabhängigkeit demonstrierten, wendete sich das Blatt und die Mutter wurde unausstehlich und gehässig. Sie bestrafte alle Anwesenden mit bissigen Worten und zog sich dann verletzt in ihren Schmollwinkel zurück. Sarah erinnert sich, wie einsam und verlassen sie sich dann immer gefühlt hatte.

Wann immer ich an Sarah denke, stößt mir eine Sache auf: Warum schritt ihr Vater nicht ein? Soweit ich einen Einblick bekommen konnte, war er ein netter, freundlicher

Mann, der aber nicht versuchte, seine Tochter vor den Launen seiner Frau zu schützen. Viel zu viele Kinder wachsen auf, ohne die schützende Anwesenheit eines fürsorglichen, zugänglichen Vaters zu erleben. Kinder brauchen in der Regel beide Elternteile, die sie schützen und für sie sorgen, wenn sie die Gefahren der Kindheit sowohl emotional als auch körperlich heil überstehen sollen.

Fehlender Schutz

Eine der größten Unsicherheiten, die einem Kind widerfahren kann, ist, in einer feindseligen Welt allein und ohne Schutz gelassen zu werden. Kinder sind bis ins späte Teenie-Alter nicht reif genug, um emotional allein mit allem fertig zu werden. Wahrscheinlich ist die schmerzlichste Erfahrung von allen die, von jemandem missbraucht zu werden, der einen eigentlich beschützen sollte.

James war mehrere Jahre lang das Opfer sexuellen Missbrauchs durch seinen Stiefvater.

Ruth wurde von ihrem Vater sexuell missbraucht. Ihre Mutter schien nie davon Notiz zu nehmen, obwohl Ruth meint, sich daran erinnern zu können, dass ihre Mutter sich ihr gegenüber etwas befremdlich benahm – so als ob sie sie nicht leiden konnte und eifersüchtig auf sie war. In der Therapie kam ihre Wut an die Oberfläche. Sie war auf ihre Mutter genauso wütend wie auf ihren Vater: Zwei Erwachsene, aber keiner, der Schutz gewährte.

Margie wurde von ihrem Onkel missbraucht, der auf sie aufpassen sollte. Die Frage ließ sie nicht mehr los, warum ihre Eltern sie der Obhut von jemandem überließen, der so etwas tat.

Dianne wurde eines Abends auf dem Nachhauseweg von der Schule vergewaltigt. Ihre Eltern wollten ihr nicht glauben, geschweige denn die Polizei. Sie musste allein mit dem abscheulichsten Trauma fertig werden, das ihr junges

Leben erschütterte. Im Leben all dieser Menschen war die ursächliche Verletzung der sexuelle Missbrauch. Aber gleichermaßen schlimm war für sie der fehlende Schutz, auf den sie doch eigentlich ein Anrecht hatten. Wie wir noch sehen werden, können die Folgen so eines offenkundigen Versagens tief greifend sein.

Neben dem erschütternden Trauma des sexuellen Missbrauchs und dem Verlust an Vertrauen in die elterliche Fürsorge kämpft das Opfer oft noch mit Schuldgefühlen. Das Kind fühlt sich in irgendeiner Weise für das Geschehene verantwortlich: »Was habe ich nur getan, dass so etwas passieren konnte?« Oder: »Wenn ich mich nur mehr zur Wehr gesetzt, lauter geschrien oder etwas dagegen unternommen hätte, dann hätte ich es verhindern können.«

Das sind die Gedanken, die die Opfer immer und immer wieder im Geist abspulen. Und um mit Dan B. Allender zu sprechen: »Der Angriff, den das Opfer gegen seine eigene Seele richtet, ist oftmals schädlicher als der eigentliche Verrat.«[10]

Verlust der Kindheit

Eine weitere Ursache für Unsicherheit ist der Verlust kindlicher Freiheit. Ein Kind, das Angst hat, verliert die Spontaneität, die dem Kindsein eigen ist. In Familien, in denen ein Elternteil kränklich oder emotional anfällig ist, übernimmt manchmal das Kind die Verantwortung, für das betreffende Elternteil zu sorgen, den Haushalt zu schmeißen und die Dinge am Laufen zu halten. Ein solches Verantwortungsbewusstsein beraubt einen jungen Menschen seiner Kindheit. Es ist so, als wäre das Kind schon frühzeitig erwachsen geworden. Auch wenn es weiterhin dem kranken Elternteil fürsorglich begegnet, können ein Leben lang Gefühle von Groll, Bitterkeit und Ungerechtigkeit in ihm schwären.

Wenn zwei liebevolle Elternteile da sind, kann ein junger Mensch seine Kindheit unbeschwert und gelassen verbringen. Fehlt ein Elternteil, kann ihm diese sorglose Freiheit genommen werden.

Janet verlor mit fünf Jahren ihre Eltern. Sie kam zuerst ins Heim und dann zu einer Reihe von Pflegeeltern. Von da an verschwand unaufhaltsam ihre kindliche Spontaneität und Freiheit. Nun musste sie für sich selbst sorgen. Niemand sonst würde ihre Bedürfnisse befriedigen. Und so lernte sie, sich alles zu schnappen, was sie kriegen konnte. Das nagende Gefühl, einer Sache beraubt worden zu sein, die ihr eigentlich zustand, wich nie mehr von ihr. Nun – Jahre später – fordert sie immer noch das ein, wovon sie glaubt, dass es ihr rechtmäßig zustünde.

Kinder, die unter der qualvollen Erfahrung ständiger sexueller Belästigung durch Verwandte oder Freunde leiden, verlieren eine Reihe von Kindheitsrechten wie Unschuld, Selbstachtung, Freiheit, Liebesfähigkeit, Vertrauen und Sicherheit. Das alles sind wichtige Faktoren für eine gesunde Entwicklung. Im späteren Alter kann die Ungerechtigkeit eines solchen Verlustes große Wut und Hass gegen den Verursachenden hervorrufen oder auch schwermütiges Grübeln über den Verlust selbst.

Fehlende Disziplin und Konsequenz

»Wer seinen Sohn liebt, fängt früh an, ihn mit Strenge zu erziehen« (Sprichwörter 13,24).

In ihren frühen Teenager-Jahren hat sich unsere älteste Tochter immer darüber beklagt, dass sie abends so früh zu Hause sein musste. Ihr Gezeter nahm ein ziemlich abruptes Ende, als eine Schulfreundin zu ihr meinte, dass sie froh sein könnte, Eltern zu haben, die sich um sie sorgten und kümmerten. »Meine Eltern haben mich überhaupt nicht lieb«, erklärte das Mädchen. »Ihnen ist es ganz egal, wann ich heimkomme, egal, wie spät es auch wird.«

Jedes Kind reagiert empfindlich auf erzieherische Maßnahmen. Aber ohne eine solche Disziplinierung wären Kinder sich selbst überlassen und hätten weder Richtung noch Ziel. Ohne ein erzieherisches Eingreifen kann ein Kind sehr leicht zu einem Erwachsenen heranreifen, der ein übermäßig kontrollierendes Verhalten an den Tag legt und unverhältnismäßig enge Grenzen für sich und andere setzt. Oder aber es wird zu einem Erwachsenen, dem es schier unmöglich erscheint, geeignete Grenzen zu setzen, sei es für sich selbst oder die Menschen, mit denen er zu tun hat.

Eine inkonsequente Erziehung kann fast so schädlich sein wie das totale Fehlen von Erziehung. Ein solches Kind lebt in einer für es sinnlosen Welt, wenn es wegen einer Lappalie von einem zornigen, ungeduldigen Elternteil gemaßregelt wird und dann wiederum tagelang sich selbst überlassen bleibt und tun und lassen kann, was es will, ohne dass jemand Notiz davon nimmt.

»Familien von Alkoholikern weisen oft solche widersprüchlichen Grenzen auf. Ein Elternteil kann an einem Tag liebevoll und nett sein, am nächsten dann unangemessen hart. Solche krassen Verhaltensunterschiede entstehen insbesondere bei Alkoholikern. Alkoholismus kann extreme Verwirrung in Bezug auf Grenzen in einem Kind hervorrufen. Erwachsene Kinder von Alkoholikern fühlen sich in Beziehungen niemals sicher. Sie erwarten immer, dass die andere Person sie enttäuschen oder unerwartet angreifen wird. Sie sind ständig auf der Hut.«[11]

Alkoholismus kann ein Elternteil dazu verleiten überzureagieren, aber auch ungelöste Konflikte aus der Vergangenheit können ein solches Verhalten provozieren. Ein Elternteil, das die Beweggründe, auslösenden Faktoren oder »Warnsignale« für seine Wutausbrüche nicht kennt, läuft ständig Gefahr, auf schlechtes Betragen seiner Kinder übermäßig zu reagieren. Ein plötzlicher und heftiger Wutausbruch eines ansonsten toleranten Elternteils kann auf das ahnungslose Opfer absolut erschreckend wirken. Eine Mutter, die nie ihr Kindheitstrauma der Vergewaltigung verarbeitet hat, kann beispielsweise ihrem Kind gegenüber gewalttätig reagieren, weil es zu spät von der Schule heimkommt. Und ein normalerweise lebensfroher Vater, dessen bester Freund bei einem Motorradunfall ums Leben gekommen ist, kann außer Rand und Band geraten, wenn sein Sohn bei einem Freund hinten auf dem Sozius mitgefahren ist.

Manchmal ist ein inkonsequentes Verhalten vonseiten der Eltern auch darauf zurückzuführen, dass sie sich nicht einig sind, wie und wann ihr Kind diszipliniert werden sollte. Das Kind steht dann zwischen den Fronten, was die beiden Standpunkte der Eltern betrifft. Was auch immer der Grund sein mag, fehlende konsequente Disziplin wird beim Kind Verwirrung und Unsicherheit hervorrufen.

Mangelnde Kommunikation

»Einige Theoretiker sehen in einer guten Kommunikation in der Familie die Grundlage für geistige Gesundheit und in einer schlechten Kommunikation ein Anzeichen für eine mentale Störung.«[12]

Es versteht sich von selbst, dass dort, wo eine gute Kommunikation zwischen einem Kind und seinen Eltern gegeben ist, ein schlimmes Erlebnis auf gesunde Art und Weise verarbeitet werden kann. Das Kind ist dann davon befreit, ungelösten emotionalen Ballast mit sich herumschleppen zu müssen. Wenn die Kommunikation oberflächlich und begrenzt verläuft, wird nie wirklich Wichtiges besprochen. In einer solchen Familie hat ein Kind keine Gelegenheit, seine tiefen Sorgen und Ängste auszusprechen. Traumata können sich dann unbemerkt breit machen und verfestigen.

»Ein Trauma ist, im Gegensatz zu einer Charaktereigenschaft, eine zutiefst schmerzhafte Gefühlserfahrung. Emotionale, körperliche und sexuelle Misshandlungen sind traumatisch. Unfälle und Krankheiten sind traumatisch. Schwere Verluste wie der Tod eines Elternteils, eine Scheidung oder extreme finanzielle Schwierigkeiten sind ebenso traumatisch.«[13]

Vorausgesetzt, dass fürsorgende Eltern unterstützend eingreifen und das Kind seine Gefühle äußern darf, wird das Trauma erträglich und die Furcht kann bewältigt werden. Wenn jedoch kein verständnisvoller Erwachsener zur Stelle ist, wird die Erfahrung für das Kind unerträglich. Das Kind ist gezwungen, sich seinen eigenen Weg und seine eigene Überlebensstrategie zu suchen, um die tiefe Unsicherheit und den ungelösten Schmerz zu überwinden.

Für ein Kind bedeutet, »seinen eigenen Weg zu finden«, in der Regel, dass es seine Gefühle unterdrückt und sie dann in seinem Verhalten »ausagiert«. Zugleich wird es ohne Gesprächsmöglichkeit aller Wahrscheinlichkeit nach über das, was passiert, die falschen Schlüsse ziehen.

Vicky und ihre Mutter wurden vom Vater sitzen gelassen, als sie vier Jahre alt war. Die Ehe war schon seit langem nicht mehr gut gelaufen, aber als ihr Vater dann schließlich beschloss, die Koffer zu packen, dachten weder er noch ihre Mutter daran, Vicky den Grund dafür zu erklären, warum er ging.

Noch Jahre später konnte sie sich genau an den Tag erinnern, an dem er ausgezogen war, und an die Gedanken, die ihr durch den Kopf gegangen waren, als sie mit ansehen musste, wie er sich davonmachte. »Wenn er mich lieb hätte, würde er nicht weggehen. Wenn ich mich nur gut benommen hätte, wenn ich es nur geschickt genug angestellt hätte, wäre er bestimmt geblieben.«

Jahre später kämpfte sie noch immer mit einer übermäßigen Angst vor dem Versagen gegenüber männlichen Autoritätspersonen.

Gestörte Familien sind nicht nur unfähig, schwierige

Themen an- und auszusprechen, sie sind auch unfähig, schmerzliche Gefühle zum Ausdruck zu bringen. In einigen Familien wird den Kindern sogar ganz offen gesagt, dass es ein Zeichen von gutem Benehmen oder Stärke ist, wenn man seine Gefühle unterdrückt.

In vielen Familien wird ein Kind, das sich angesichts von widerwärtigen und bedrohlichen Situationen »tapfer verhält«, gelobt. Es gibt sogar Familien, in denen das Unterdrücken von Gefühlen und Zugeknöpftheit eine regelrechte Tradition hat. Der Ausdruck von starken Gefühlen würde hier als störend und lästig empfunden werden. Leider gibt es für solche Familien keine Heilung. »Eine Familie, die aneinander Anteil nimmt, heilt auch zusammen.«

Wenn ein Kind seine Gefühle, die durch ein traumatisches Erlebnis hervorgerufen worden sind, nicht freimütig äußern darf oder keine Gelegenheit dazu bekommt, sie überhaupt zu äußern, hat es keine andere Wahl, als sie zu unterdrücken und später den Preis dafür zu bezahlen.

Mir ist vor kurzem der Fall eines kleinen Mädchens zu Ohren gekommen, das von einem Nachbarn belästigt wurde. Als die Eltern es herausfanden, waren sie zunächst schockiert und dann sehr verärgert. Sie »verarbeiteten« dieses Erlebnis, indem sie dem verängstigten und verwirrten Kind einschärften, ja mit niemandem darüber zu reden.

»Damit eins klar ist: Wir möchten nicht, dass du jemals zu irgendjemandem irgendetwas darüber sagst!«, bläuten sie dem Kind ein. Das Mädchen tat, wie ihm befohlen war, und ging davon aus, dass seine Eltern sehr böse auf es waren, weil es etwas Schreckliches getan hatte. Sie sprach nie wieder davon, bis sie Jahre später wegen einer schweren Depression einen Psychiater aufsuchen musste und die ganze traurige Geschichte ans Licht kam.

In anderen Familien wiederum werden jegliche Gefühle von den Eltern dermaßen lautstark geäußert, dass das Kind den Eindruck bekommt, starke Gefühle seien etwas Gefährliches und Bedrohliches. Ein solches Kind wird aus

Angst vor solchen Ausbrüchen auch seine Gefühle auf eine ungute Weise unterdrücken. Jahre später noch kann eine laute Stimme oder das geringste Anzeichen einer Unstimmigkeit bei dem Kind Angst hervorrufen und den Wunsch erzeugen, vor dem gewaltigen Ausbruch zu fliehen, der jeden Moment kommen kann.

Mit Hilfe einer guten Kommunikation dagegen kann eine Verarbeitung und Heilung geschehen. Kommunikation kommt nicht nur in Worten zum Ausdruck. Berührungen sind ebenfalls wichtig, um Liebe, Nähe und Trost zu vermitteln. Sie sind ein wichtiges Element, um Sicherheit und Selbstwertgefühl im Leben eines Kleinkindes aufzubauen. Sie sind absolut unerlässlich für die Heilung von traumatischen Erfahrungen.

Wenn man ein ängstliches Kind egal welchen Alters in die Arme schließt, können seine Gefühle in einem geschützten Raum voll zum Ausdruck kommen. Ein Kind darf in einer liebevollen Umarmung weinen, zittern und sich so lange alles von der Seele reden, bis der Schmerz verschwunden ist, ohne dass es Angst haben müsste durchzudrehen.

Unsere dreijährige Enkeltochter Grace hat letztes Jahr in der Faschings-Woche einen fürchterlichen Schreck bekommen. Sie erwartete uns zu Besuch und als es an der Tür klingelte, wollte sie schnell die Haustür öffnen, um ihre Großeltern zu begrüßen. Stattdessen grinste sie eine hässliche Fratze an. Sie schrie vor Entsetzen und rannte außer sich vor Angst in die Arme ihrer Mutter. Sie zitterte und weinte noch die nächste halbe Stunde in den liebevollen Armen ihrer Mutter. Danach kam dann das Gespräch. Sie beschrieb den Vorfall immer wieder bis ins letzte Detail. Tagelang erzählte sie es noch allen, die es hören wollten. Ihre Eltern nahmen es geduldig hin, denn sie wussten, dass Grace die Zeit brauchte, ihren Gefühlen freien Lauf zu lassen, bis sie völlig verschwunden waren.

Ein weiteres wichtiges Mittel der Kommunikation ist

Augenkontakt. Ein Kind braucht es, in die Augen der Eltern schauen zu können und ihre Liebe darin widergespiegelt zu sehen. Wenn dies bereits von einem frühen Kindesalter an geschieht, wird im Herzen des Kindes ein solides Fundament der Sicherheit und des Selbstwertgefühls gelegt. Dem Kind werden aller Wahrscheinlichkeit nach im Lauf seiner Entwicklung auch unschöne Dinge zustoßen, aber wenn Sicherheit und Selbstwertgefühl bereits tief und fest in seiner Persönlichkeit verankert sind, wird es für das Kind viel einfacher sein, sich von negativen Erlebnissen zu erholen.

Ich möchte das Phänomen des Augenkontaktes zwischen einem Baby und seiner Mutter mit der Art vergleichen, wie eine Kamera auf ein Objekt gerichtet ist. Das kleine Kind sieht in die Augen der Mutter – der Verschluss der Kamera öffnet sich, und was dann vor der Linse erscheint, wird auf einem Film festgehalten ... oder prägt sich in unserem Fall im Herzen des Kindes ein.

Wenn das Kind die gleichen Eindrücke oft genug sieht, setzen sich diese auf Dauer in ihm fest und werden später nicht so einfach wieder gelöscht. Wenn ein kleines Kind immer wieder Freude und Liebe sieht, dann prägt sich in seinem Herzen ein gesundes Selbstwertempfinden ein und das Kind gewinnt an Sicherheit.

Wenn jedoch Ungeduld und Ärger vorherrschen, werden sich auf Dauer Unsicherheit und ein geringes Selbstwertgefühl breit machen. Wenn sich die Gesichter ständig ändern, auch wenn es freundliche Gesichter sind, kommt es nicht zu diesem positiven, dauerhaft währenden Eindruck.

Gute verbale Kommunikation, warmherzige Berührungen und ein ständiger Augenkontakt dienen allesamt dazu, im Herzen eines kleines Kindes ein Gefühl der Sicherheit aufzubauen. Wenn es dann zu einem Trauma kommt, ist das sichere Fundament bereits gelegt, und in einem solchen Rahmen kann dann auch Heilung geschehen.

Der Verlust der Sicherheit ist extrem schmerzhaft und

kann weitreichende Folgen haben. Ein Mensch kann später im Leben immer noch damit zu kämpfen haben, das Defizit in seinem Herzen auffüllen zu wollen. Robert McGee bemerkt in diesem Zusammenhang, dass es noch einen viel größeren Verlust gibt als den der Sicherheit: »Unser Wunsch nach Liebe und Annahme ist nur das Symptom eines tiefer liegenden Bedürfnisses, welches die Hauptursache für unser emotionales Leid ist und unser Verhalten beherrscht.«[14]

Vielfach unbemerkt ist dies unser Bedürfnis nach persönlicher Wertschätzung.

Kapitel 3

Verlust des Selbstwertgefühls

»Egal, ob man nun von ›Selbstbewusstsein‹ oder ›Selbstwertgefühl‹ spricht – das Gefühl, wertvoll zu sein, ist von zentraler Wichtigkeit für die emotionale, geistliche und soziale Stabilität des Menschen; außerdem ist es die treibende Kraft des menschlichen Geistes. Wenn wir dieses Bedürfnis verstehen, können wir auch unser Handeln und unsere Einstellungen begreifen.«[1]

Um das ganze Ausmaß der Wirkungen eines geringen Selbstwertgefühls ermessen zu können, müssen wir zuerst einmal verstehen, worum es dabei eigentlich geht. Die meisten von uns haben schon einmal die Erfahrung gemacht, geschätzt und anerkannt zu sein, und wissen, dass einem das ein gewisses Gefühl der Befriedigung verschafft. Wir kennen aber auch das Gefühl, abgewertet zu werden, und wissen, dass dies sehr schmerzlich sein kann.

Wertschätzung ist ein klar erkennbares Gefühl. Dieses Gefühl kann jedoch so schnell verschwinden wie die Schaumblasen in der Badewanne. Es lässt sich schwer festhalten und verflüchtigt sich in der Regel leicht. Das liegt wohl daran, dass man sein Selbstwertgefühl meist aus sehr unterschiedlichen und wechselhaften Quellen außerhalb seiner selbst bezieht – so etwa wie ein Barometer, das je nach Wetterlage starken Schwankungen unterliegt. Es wäre daher eher ungewöhnlich, wenn das Selbstwertgefühl zur inneren, stabilen Natur einer Person gehört wie etwa das Geschlecht oder die Größe. Und doch ist es für unser Wohlbefinden absolut notwendig, und deshalb streben wir auch eifrig danach – sei es nun bewusst oder unbewusst.

In ihrem Buch »The Dilemma of Self-Esteem« (Das Dilemma des Selbstwertgefühls) sehen Joanna und Alister McGrath das Selbstbewusstsein in einer umfassenden Einschätzung dessen begründet, wie stark eine Person akzeptiert wird und wie viel Wert man ihr beimisst, beziehungsweise wie viel Liebe man ihr entgegenbringt – womit dann auch angenehme oder unangenehme Gefühle verbunden sind.

Das Selbstwertgefühl hängt sehr stark davon ab, wie die betreffende Person die Sichtweise wichtiger Personen von ihr selbst wahrnimmt und einschätzt.[2]

Briar Whitehead formuliert einfach, dass das Selbstwertgefühl die liebevolle und wertschätzende Achtung und Anerkennung ist, die ich für mich selbst als Person habe, die nach dem Bild Gottes geschaffen ist.[3] Robert McGee sieht im Selbstwertgefühl das Gefühl der Zufriedenheit mit uns selbst. Er unterscheidet das Selbstwertgefühl aber von einem aufgeblasenen Selbstbild, dem Stolz, der sich auf eigene Leistungen gründet.[4]

Gott wollte, dass jeder Mensch ein Selbstwertgefühl aus sich selbst heraus empfindet. Als Menschen, die nach dem Bild Gottes geschaffen sind und sich seine Kinder nennen dürfen, sollten wir uns zu Recht geliebt und geschätzt fühlen. Es geht dabei um ein Grundgefühl »Ich bin in Ordnung«, das eigentlich von der bedingungslosen Liebe und Akzeptanz der uns umsorgenden Personen betont und verstärkt werden sollte. Das heißt natürlich nicht, dass über schlechtes Verhalten hinweggegangen werden sollte, sondern vielmehr, dass ein Kind sich geschätzt weiß für das, was es ist, und nicht für das, was es tut.

Tragisch ist nur, dass dieses innere Bewusstsein vom eigenen Wert in beträchtlichem Maß verloren ging, als der Mensch aufhörte, das Bild seines Schöpfers in der Weise widerzuspiegeln, wie es eigentlich gedacht war. Der Mensch wandte Gott in seiner Rebellion den Rücken zu und rannte anderen »Göttern« nach, und so verlor er etwas sehr Wichtiges und Wertvolles: »Sie liefen einem Trugbild nach, sie verehrten andere Götter und betrogen sich selbst damit« (Jeremia 2,5, HFA).

Das Selbstwertgefühl war seitdem kein natürliches Grundwissen mehr. Egal, wie sehr Eltern auch versuchen, die richtigen Weichenstellungen zu geben, so wachsen doch die wenigsten Kinder mit dem Bewusstsein auf, einfach nur aus sich selbst heraus wertvoll und geliebt zu sein. Ein geringes Selbstwertgefühl ist in unserer Gesellschaft ein ernst zu nehmendes Problem, besonders unter jungen Leuten.

Erst kürzlich unterhielt ich mich mit einem Teenager, der mit den Klausuren in der Schule nicht zurechtkam und in ständiger Prüfungsangst lebte. Er war angespannt und nervös, hatte Angst und fürchtete sich davor, zu versagen. »Mein Vater bringt mich um, wenn ich das vermâssle«, meinte er. Da ich den Vater des jungen Mannes kannte, versuchte ich, ihn etwas zu beruhigen und ihn daran zu erinnern, dass sein Vater ja nur sein Bestes wollte. »Er möchte, dass du um deinetwillen die Prüfungen schaffst, nicht um seinetwillen«, versuchte ich zu erklären. Der Junge runzelte die Stirn und schaute mich ungläubig an. So hatte er anscheinend die Motive seines Vaters nicht eingeschätzt.

Unsere frühe Entwicklung wird zu einem großen Teil von unseren Eltern beziehungsweise Erziehungsberechtigten bestimmt. Damit wir uns einzigartig und geschätzt fühlen können, muss sich das auch in ihren Augen widerspiegeln. Unsere Selbsteinschätzung stammt aus diesem Blickwinkel.[5] Aber es kann dabei so schnell etwas schief laufen.

Kinder zu erziehen ist daher ein bisschen wie ein Hindernislauf im Dunkeln. Es ist fast unmöglich, unbeschadet die Ziellinie zu erreichen. Für Eltern ist es enorm schwierig, das richtige Maß zu finden, wenn es darum geht, gute Ansätze wohlwollend zu fördern, Fehler zu korrigieren und positive Kritik zu üben. Und das gilt umso mehr, als sich jeder Mensch irren kann.

Was jedoch vielen Eltern nicht immer bewusst ist, ist die Tatsache, dass sich ein gesundes Selbstwertgefühl nicht ohne unterstützende und umsichtige Begleitung der Eltern herausbildet und sehr leicht beschädigt und zerstört werden kann. Eltern und andere Autoritätspersonen senden durch das, was sie sagen und tun, Botschaften an das Kind aus, die von diesem aufgegriffen und für bare Münze genommen werden. Vielfach erhält das kindliche Selbstwertgefühl unbeabsichtigt durch pure Unvorsichtigkeit und Gedankenlosigkeit einen Knacks.

Abwesenheit der Eltern

Um eine gute Grundlage für ein intaktes Selbstwertgefühl bei einem Kind zu schaffen, muss es von seinen Eltern bestätigt werden. Heutzutage sind Eltern in viel stärkerem Maß abwesend als je zuvor. Das kann an den Anforderungen am Arbeitsplatz, am finanziellen Druck oder an der Zerrüttung der Beziehung liegen. Die wachsende Zahl allein erziehender Mütter oder Väter hat oft zur Folge, dass ein Kind de facto beide Elternteile verliert. Dafür gibt es viele Gründe, aber die Tatsache bleibt bestehen, dass eine steigende Anzahl von Kindern ohne zwei Elternteile heranwächst, die ihre Kinder in dieser schwierigen Phase unterstützen könnten.

In der Vergangenheit, als Scheidungen noch nicht so verbreitet waren, hatten Kinder eines allein erziehenden Elternteiles oftmals Angst, weil sie nicht so wie andere Kinder waren. Sie schämten sich, dass sie nur ein Elternteil hatten. Archibald Hart, der selbst einem »zerrütteten Zuhause« entstammt, sagt, dass Scham und Angst die dominierenden Gefühle bei ihm waren:

»Diese alles durchdringende Scham grub sich tief in mein sich gerade entwickelndes Selbst ein. Ich fühlte mich lange Zeit ständig wütend, deprimiert, wertete mich selbst ab und war verängstigt. Ich fühlte mich meiner Kindheit und meines Geburtsrechts beraubt – dem Recht, in einem Zuhause mit einer Mutter und einem Vater aufzuwachsen. Um mich selbst zu schützen, wurde ich verschlossen, zog mich immer mehr zurück und verbiss mir zu weinen oder auch nur ein Anzeichen von Schwäche zu zeigen. Ich misstraute jedem, der sagte: ›Ich liebe dich.‹«[6]

Weitere Gründe, warum die Abwesenheit eines Elternteiles bei einem Kind zu Minderwertigkeitsgefühlen führt, können die falschen Schlussfolgerungen sein, die es zieht. Kindern muss das Leben erklärt werden. Wenn es keine offensichtlich gute Erklärung für sie gibt, finden sie in der Regel eine eigene, die wegen ihres kindlichen Denkens oft verzerrt und egozentrisch ist und ihre fehlende Selbstannahme noch verstärkt. Wenn also der Papa die Mama sitzen lässt, dann ist die kindliche Schlussfolgerung relativ einfach und selbstbezogen: »Das ist alles meine Schuld. Ich hab mich schlecht benommen, und deshalb geht er. Er hat mich nicht lieb und ich bin auch nicht liebenswert.«

Als ich noch ein Kind war, arbeiteten meine Eltern beide im Familienbetrieb mit. Ich erinnere mich noch daran, wie ich daraus den falschen Schluss zog, dass meine Mutter lieber arbeiten ging, als mit mir zusammen zu sein. Dieser Gedanke ließ mich ziemlich klein erscheinen – nicht nur in meinen eigenen Augen, sondern auch in denen anderer Leute, die meiner Meinung nach genauso empfinden mussten. Erst Jahre später verstand ich, dass die Motivation meiner Mutter die war, ihren Kindern alles zu bieten, was sie in ihrem Leben hatte entbehren müssen. Geld für uns zu verdienen war ihre Art, uns ihre Liebe zu zeigen.

Allzu beschäftigte oder abwesende Eltern bedeuten für das Kind oft auch einen Mangel an Bestätigung. Das ist insbesondere für das Selbstwertgefühl eines Teenagers das reine Gift.

Die ganze Frage der Identität spitzt sich dann im frühen Erwachsenenalter noch zu. »Wer bin ich?«, ist dann die zentrale Frage. Auch wenn das Fundament für ein gesundes Selbstwertgefühl in den ersten drei Lebensjahren gelegt worden ist, so baut doch der restliche Verlauf der Kindheit darauf auf. Und die letzten Steine werden in der Pubertät gelegt. Gleichaltrige Freunde, Lehrer und andere Autoritätspersonen spielen dabei eine wichtige Rolle. Aber letztendlich tragen die Eltern und hierbei meist der Vater die größte Verantwortung dafür. Der heranwachsende Mensch sollte von ihnen das Wissen vermittelt bekommen, dass er eine wertvolle und bedeutsame Persönlichkeit ist, dass er geliebt und akzeptiert ist, was auch immer er tut oder lässt. Dies ist die Botschaft von der bedingungslosen Liebe, die wir alle so gern hören wollen.

Widersprüchliche Ermutigung

Kinder brauchen in den verschiedenen Stadien ihrer Kindheit beständig Ermutigung. Jedes Stadium hat seine eigenen Herausforderungen und Aufgaben, die in Angriff genommen werden müssen. Ohne Ermutigung und Förderung fehlt dem Kind die Motivation und Energie, die es braucht, und die Aufgabe wird vielleicht nur halbherzig erledigt oder eine Fähigkeit nur halbwegs erlernt. Gerade dieser bewusste Ansporn kann aber auch zu einem Missverständnis darüber führen, wie ein persönliches Selbstwertgefühl erlangt werden kann.

Wenn man beispielsweise ein Kind für eine Aufgabe, die es gut erledigt hat, zu sehr lobt, kann ihm dies die Botschaft vermitteln, dass es nur für das geliebt und geschätzt wird, was es tut, und dass sein persönlicher Wert von seinen Leistungen und Erfolgen abhängig ist. Das Kind beginnt dann, seinen Selbstwert von dem abzuleiten, was es selbst oder andere über seine Leistungen denken, und das kann das Kind dann bei Misserfolgen denken lassen, dass es automatisch nicht mehr akzeptiert wird.

Bis zu einem gewissen Grad haben bestimmt alle Menschen den folgenden ›Glaubenssatz‹ verinnerlicht und in ihr Wertesystem übernommen, und sie halten mit beachtlicher Zähigkeit an ihm fest: »Ich muss von bestimmten Menschen anerkannt werden, um einen persönlichen Wert zu haben.«[7]

Oft fehlt es bei den elterlichen Bemühungen, das Kind zu fördern und zu unterstützen, an Beständigkeit beziehungsweise Konsequenz. Wenn das Kind sich bemüht, sollte das belohnt werden, egal, ob eine Aufgabe gut oder nur ansatzweise erfüllt wurde. Zu oft werden die Einsen und Zweien im Zeugnis gelobt, und die Dreien ernten nur Kritik oder Bemerkungen wie: »Das hätte aber besser sein können.« Dabei ist eine Drei doch völlig in Ordnung. Und auch eine Vier oder Fünf ist noch kein Beinbruch. Was hier nötig ist, ist eine Aufmunterung – vielleicht in Form eines Hilfsangebotes oder in Form von Mitgefühl für eine Sache wie die Mathematik, die ja auch wirklich nicht ganz so einfach ist. Ist es nicht so, dass die schwierigeren Aufgaben mehr Unterstützung brauchen als die einfachen?!

Fehlende Ermutigung kann die Selbstachtung zerstören. Und zu viel Kritik kann bei einer Sache auch zu gegenteiligen Reaktionen führen.

Kritik

Dauernde Kritik oder Nörgelei durch Autoritätspersonen wie Eltern oder Lehrer beeinflusst schließlich auch unsere eigene Wahrnehmung von dem, wer wir sind. »Wenn ich denen nicht gefallen kann, die ich respektiere, dann muss ich wohl ein Versager sein.«

Solche Gedanken sind schmerzlich und können, wie wir später noch sehen werden, einige schlimme Konsequenzen nach sich ziehen.

Ein gesundes Selbstwertgefühl ist enorm wichtig für

unser Wohlbefinden, und wenn es durch den steten Tropfen kritischer Bemerkungen eines nur schwer zufrieden zu stellenden Elternteils oder Lehrers ausgehöhlt wird, dann können die Folgen weit reichend sein. Kommentare wie: »Du bist ja sowieso ein Versager« oder: »Du bist ein hoffnungsloser Fall« sind negative Verallgemeinerungen, die zu unguten Selbstschutzmaßnahmen führen. Wie soll ein Kind ein gesundes Selbstwertgefühl entwickeln, wenn es ständig mit solch kritischen Bemerkungen bombardiert wird?[8] Sie führen nur zu ungewollten Reaktionen und Verwünschungen.

Bloßstellung und Scham

Ständige Kritik wirkt sich schädlich auf die Entwicklung eines gesunden Selbstwertgefühls aus, aber Beschämtwerden ist noch viel schlimmer. »Die Scham wurde von Jean-Paul Sartre als das Bluten der Seele bezeichnet.«[9] Wenn ein Kind ständig beschämt ist, verkümmert etwas in ihm und stirbt ein wenig.

Scham ist noch schlimmer, als abgewiesen zu werden, weil Ablehnung immer noch die Möglichkeit birgt, dass es einen Weg zurück zum Angenommensein gibt. »Die Angst, die mit der Scham einhergeht, bezieht sich auf ein dauerhaftes Verlassen- oder Verbanntwerden. Diejenigen, die unser verwerfliches Inneres sehen, werden so angewidert und angeekelt sein, dass wir für immer ein Aussätziger und Ausgestoßener sein werden.«[10]

Wenn jemand gedemütigt wird, geht das mit einer Bloßstellung einher. Die betreffende Person fühlt sich in den Augen der anderen abgewertet, schwach oder verachtenswert. Tatsächlich kann sich das auch nur im eigenen Kopf abspielen und muss gar nicht unbedingt der Wahrheit entsprechen. Aber das Gefühl ist genauso, als wäre man bloßgestellt worden.

»Die Scham ist ein zwischenmenschliches Gefühl. Sie erfordert die Anwesenheit einer anderen Person – sei sie nun tatsächlich oder nur in der Einbildung vorhanden –, damit der Schmerz in aller Deutlichkeit empfunden wird.«[11]

Ich erinnere mich noch gut daran, wie ich mich einmal auf einem Fest entsetzlich geschämt habe, als ich ungefähr fünf Jahre alt war. Im Laufe der Feier bekam ich eine Magenverstimmung und belagerte das Badezimmer, wo sich die Lage dann noch mehr zuspitzte. Bald schon hatte ich das ganze Toilettenpapier aufgebraucht und den Abfluss verstopft. Und da wurde mir klar, dass ich mich in einer ganz dummen Situation befand. Schon bald wollte jemand ins Bad und begann, gegen die Tür zu hämmern. Schließlich befahl mir der betreffende Erwachsene, herauszukommen, was ich dann auch tat. Die Scham, die mich überkam, als ich die Badezimmertür öffnete und von einer Horde neugieriger Gesichter angeglotzt wurde, war enorm. Ich fühlte mich nackt und klein. Zwar machte keiner eine negative Bemerkung – die betreffenden Erwachsenen waren mir gegenüber sogar sehr nett –, aber ich fühlte mich trotzdem bis auf die Knochen bloßgestellt. Es dauerte noch Jahre, bis ich wieder ohne ungutes Gefühl auf eine festliche Veranstaltung gehen konnte.

Lehrer beschämen oft Kinder, indem sie diese vor ihren Klassenkameraden herunterputzen oder in aller Öffentlichkeit demütigen. Und dies geschieht auch meist mit dem Zweck, das Kind zu beschämen, denn mehr als bei jeder anderen Form der Bestrafung liegt darin die Möglichkeit, auf eine Verhaltensänderung hin zu wirken. Traurig, aber wahr: Nur wenige Erwachsene sind sich der zerstörerischen Auswirkungen eines solchen Handelns auf das beschämte Kind bewusst.

Dieses demütigende Verhalten kann sich in der Öffentlichkeit abspielen, es kann aber auch im privaten Rahmen durch nachlässige oder missbrauchende Eltern geschehen.

Ein Kind, das sexuell missbraucht wird, empfindet Scham und Schuld, nicht etwa, weil es mitschuldig ist, sondern weil seine Privatsphäre aufs Schmerzlichste bloßgestellt und sein Körper geschändet wurde.

Schande ist ein persönlicher Alptraum, der Auswirkungen darauf hat, wie das Kind sich selbst sieht.

Dr. Allender zitiert in diesem Zusammenhang eine Frau, die sich beklagt: »Wenn ich ein wertvoller Porzellanteller gewesen wäre, hätte meine Mutter nie zugelassen, dass man mich benutzt und wegwirft. Deshalb kann ich wohl nicht viel mehr wert sein als ein alter benutzter Pappteller.«[12]

Nachlässige oder ihre Kinder missbrauchende Eltern hinterlassen in der Seele eines Kindes eine Leere, die sich um die Vorstellung dreht, dass sein wirkliches Ich, seine innere Person inakzeptabel, ja sogar unzulänglich ist. Wenn die Eltern es versäumen, ihrem Kind gegenüber Nachsicht walten zu lassen, es seiner selbst wegen zu achten und es ohne Gegenleistung zu schätzen, wird sich das Kind seiner Unzulänglichkeiten schämen und dies wird zutiefst sein Selbstbild prägen.[13]

Wird jemand gedemütigt, zerstört dies immer auch das Selbstwertgefühl dieser Person – egal, wo und wann es geschieht. Wenn es jedoch in der Kindheit passiert, können die Folgen sehr schmerzlich sein. Mit der Schande zu leben, kann unglaublich schwer sein.

Als ich Tania zum ersten Mal traf, erinnerte sie mich an einen geprügelten Hund. Mit fünfzehn hatte sie bereits versucht, Selbstmord zu begehen, weil das Leben für sie zur unerträglichen Qual wurde. Ihre Schulzeit war eine einzige Tortur für sie gewesen. Ihre Altersgenossen hatten sie vier Jahre lang ständig schikaniert, und die Art, wie sie dabei vorgingen, war äußerst obszön. Sie griffen sie tätlich an und zwangen sie, Dinge zu tun, die ihr ganz und gar zuwider waren. Sie fühlte sich wie der letzte Abschaum und wie ein Versager. Ihr Selbsthass machte das Leben für sie zum Alptraum.

Roger, den ich eingangs ja erwähnt hatte, gehört ebenfalls zu denen, die einen solchen geschlagenen Eindruck machen. Als er zu mir in die Beratung kam, wendete er immer den Blick ab. Er befürchtete anscheinend wirklich, dass seine Augen die Fenster zu seiner Seele wären und wir in ihnen die gebeugte, verabscheuenswerte Gestalt sehen könnten, die er zu sein glaubte. Kein Wunder, dass er in all seinen Beziehungen kalt und distanziert war!

Irreführende Wegweiser

Jeder Mensch hat die Tendenz, sein Selbstwertgefühl aus Quellen außerhalb seiner selbst zu beziehen. Diese Tendenz wird bei Kindern oftmals noch durch die Eltern oder Erzieher verstärkt. Eltern sind für ihre Kinder wie Wegweiser. Durch ihre Worte und Taten zeigen sie ihren Nachkommen, dass sie wertvoll sind.

Für Joanna und Alister McGrath sind die vier wichtigsten Bereiche, aus denen Menschen ihren Selbstwert beziehen, die Herkunft, das Rollenverhalten, der Ewigkeitswert und die Liebe beziehungsweise Zuwendung anderer.[14]

Die Herkunft besagt, wessen Kind ein Mensch ist und welche historischen, kulturellen und nationalen Wurzeln er hat. In einigen Ländern bestimmt die Herkunft allein, ob ein Mensch akzeptiert wird und welchen Wert man ihm beimisst. Der Status mag in der heutigen Gesellschaft nicht mehr so wichtig sein, wie er es einmal war, doch er zählt noch immer recht viel. Ich erinnere mich noch lebhaft daran, wie ich vor nicht allzu langer Zeit ältere Eheleute besuchte, die den Freund ihrer Tochter für nicht standesgemäß hielten, weil seine Eltern aus der unteren Schicht kamen.

Vor wenigen Jahren noch war es gang und gäbe, sorgfältig den gesellschaftlichen Hintergrund einer Person zu erforschen, bevor man ihr den Zugang zur Familie gestattete. Die Zeiten haben sich zwar geändert, aber es gibt immer noch Leute, für die die Herkunft den Wert einer Person bestimmt. Das soll nun natürlich auch nicht heißen, dass es falsch ist, sich über den familiären Hintergrund seines künftigen Ehepartners zu informieren.

Die Leistung ist wohl das meistbenutzte Kriterium, um über unseren eigenen Wert oder den eines anderen zu befinden. Was jemand in seinem Leben erreicht hat, welche Auszeichnungen er errungen hat, was für eine Stellung er hat, wie viel er verdient: Das alles sind Kriterien, die häufig angesetzt werden, um den Wert eines Menschen zu beurteilen.

Der Ewigkeitswert – man könnte auch sagen: das, was jemand der Nachwelt hinterlässt – hat ebenfalls etwas mit der Leistung zu tun. Aber in diesem Fall wird man danach bewertet, welche Spuren man hinterlassen hat, ob sich andere noch an einen erinnern werden und ob man einen bleibenden Wert geprägt hat. Die Bewertung sieht dann so aus: »Wenn jemand seine Spuren in der Welt hinterlässt und den Menschen im Gedächtnis bleibt, dann hat sein Leben einen Wert gehabt.«

Diese Botschaft wird schlicht und ergreifend dadurch an die nächste Generation weitergegeben, dass man sich das Familienalbum ansieht. Da erinnert man sich dann an den Onkel, der eine Auszeichnung errungen oder ein Buch geschrieben hat, und lobt ihn in den höchsten Tönen, während sein Bruder, der ein guter Ehemann und Familienvater war, kommentarlos übergangen wird.

Joanna und Alister McGrath sehen nicht zuletzt in der Wertschätzung und Liebe anderer eine weitere Quelle der Selbstachtung. Dabei bezieht eine Person ihren Wert daraus, wie sehr sie sich von anderen geliebt und geschätzt weiß. Leider wird diese Wertschätzung aber oft so empfunden, als stütze sie sich doch auf das Aussehen, die Persönlichkeit oder die Leistung. »Sie lieben mich, weil ...«

Wenn das stimmt, müssen große Anstrengungen unternommen werden, um diese Leistungen aufrechtzuerhalten. Nun kann es aber auch vorkommen, dass die Liebe eines anderen bedingungslos und beständig ist und derjenige, der diese Liebe empfängt, sich nur solange wertvoll fühlt, wie die betreffende Person anwesend ist. Nur zu oft hängt das Gefühl, geschätzt zu werden, davon ab, ob man sich auch tatsächlich geliebt fühlt. Ist der »Liebende« nicht mehr da, dann verliert sich auch das Selbstwertgefühl.

Es stimmt wohl, dass die bedingungslose Liebe anderer die hauptsächliche Quelle für unser Selbstwertgefühl ist. Und es stimmt auch, dass es für Eltern sehr schwierig ist, ihren Kindern diese Botschaft so gut zu vermitteln, dass sie tiefe Wurzeln schlägt. Eine an Bedingungen geknüpfte Liebe, die sich auf die Persönlichkeit, das Leistungsvermögen oder den äußeren Schein eines anderen Menschen stützt, ist wahrscheinlich eher die Botschaft, die Kinder vermittelt bekommen, auch wenn das nie das Ziel gewesen sein mag.

Vor kurzem sprach ich vor einer Gruppe von jungen Leuten, und ich war sehr betroffen über einige der Probleme, mit denen sie zu kämpfen hatten, insbesondere im Hinblick auf ein schwaches Selbstwertgefühl. Eine Jugendliche aus dieser Gruppe erregte mein besonderes Interesse. Sie kam aus einem intakten und sehr liebevollen Zuhause, hatte in ihrem Leben schon sehr viel erreicht und immer gute Noten nach Hause gebracht. Ihre Eltern hatten sie immer unterstützt und sich über ihre Erfolge gefreut. Und trotzdem hatte sie mit einer schrecklichen Versagensangst zu kämpfen. Das erschien mir völlig unbegründet – bis ich ihre Bewertung der bisherigen Ereignisse hörte: Ihr Erfolg hatte ihren Eltern gefallen. »Deshalb«, so folgerte sie, »wären sie sicher nicht mehr einverstanden mit mir, wenn ich mal keinen Erfolg hätte.«

Von da an hatte sie Angst zu versagen. Sie war zutiefst davon überzeugt, dass ihr Wert in den Augen ihrer Eltern von ihren Leistungen abhing.

Kapitel 4

Entwicklung von Überlebensstrategien

Es hat fast den Anschein, als ob Kinder, die sich total geborgen und sicher fühlen und uneingeschränkt akzeptiert werden, eher die Ausnahme als die Regel sind. Die wenigsten Elternpaare haben sich allerdings bewusst vorgenommen, ihre Kinder zu vernachlässigen. Viele problembeladene Familien sind vielmehr das Produkt einer Gesellschaft, die das Familienleben nicht länger in den Mittelpunkt des gesellschaftlichen Lebens stellt. Für viele Familien bedeutet dies, dass Kinder unter der Abwesenheit ihrer Eltern leiden, was auch zur Folge hat, dass diese sich nicht genug um sie kümmern und nur wenig mit ihnen kommunizieren.

Es gibt jedoch auch Familien, die ganz offen dazu stehen, dass sie ihre Kinder vernachlässigen und missbrauchen, und Familien, in denen das Kind keinerlei Möglichkeiten hat, seine schmerzlichen Verlustgefühle und -ängste, die es offenkundig durchlebt, zum Ausdruck zu bringen.

Was geschieht nun aber mit einem Kind, das in einem solch unzulänglichen oder gar grausamen Umfeld aufwächst? Zunächst wird so ein Kind nicht wissen, was normal ist. Für dieses Kind sind Unzuverlässigkeit, Unsicherheit, Benachteiligung und vielleicht sogar Missbrauch ein Stück Normalität. Wahrscheinlich wird es auch eine mangelhafte, wenn nicht sogar schädliche Erziehung genossen haben. Seine Grundbedürfnisse nach Liebe und Aufmerksamkeit sind nicht ausreichend befriedigt worden und es wird emotionale oder körperliche Schäden davongetragen haben, wenn nicht sogar beides.

Trotz manchem schier unerträglichen Leidensdruck können Kinder ein außergewöhnliches Durchhaltevermögen an den Tag legen. Ihr erstaunlicher Überlebensinstinkt trägt sie durch. Komme, was da wolle, ein solches Kind wird den Schmerz aushalten und sich sogar augenscheinlich unverletzt ins Erwachsenenleben hinüberretten – zumindest oberflächlich gesehen.

Des Öfteren habe ich schon in meinem Beratungszimmer gesessen und war total schockiert über die Horrorstory, die mir eine anscheinend völlig normale Person da gerade recht unbekümmert erzählte. Und ich musste mir dabei oft selbst die Frage stellen: »Wie hat er/sie das bloß überlebt?«

Überlebensstrategien

Nun, diese Person hat es überlebt, indem sie sich eine Überlebensstrategie zurechtgelegt hat. Erinnern Sie sich noch an Roger? Schon im Alter von sechs Jahren hatte er eine Methode entwickelt, um mit dem Missbrauch seiner Eltern fertig zu werden. Er legte das natürliche, spontane, verwundbare Kind »zu den Akten« und kreierte ein neues falsches Selbst, das nicht mehr verletzt werden konnte. Er trug seine Fassade wie eine Ritterrüstung. Nichts konnte sie durchdringen. Das unschuldige, leicht verletzbare Kind, das er einmal gewesen war, verbarg sich nun sicher hinter dem neuen falschen Selbst – dem harten, kratzbürstigen Roger, den niemand aus der Fassung bringen konnte.

Natürlich ging der sechsjährige Roger nicht in sich und fragte sich: »Wie werde ich nur all diesen Schmerz ertragen können? Ich hab´s: Ich lege mir einen Schutzpanzer zu!« Es war eine unbewusste Entscheidung, die er aus seinem natürlichen Instinkt heraus traf.

Nancy Groom sagt, dass »misshandelte, vernachlässigte

Kinder einfach zu dem werden, was ihnen hilft, zu überleben«. David Seamands meint hierzu: »Es ist nicht so, dass ein Kind bewusst entscheiden würde, eine andere Person zu werden. Die Entscheidung findet vielmehr tief in der Persönlichkeit statt – sozusagen im Bereich des Unbewussten.«[1]

»Aber«, so sagt Nancy Groom, »wenn die ›Entscheidung‹ erst einmal gefallen ist, wird das Kind unweigerlich eine äußere Fassade entwickeln und seine Ich-Maske mit in all seine späteren Beziehungen im Erwachsenenalter nehmen.«

Traurig, aber wahr: Diese Fassade, die sich allmählich über die Jahre hinweg herausgebildet hat, wird nach und nach zu einem integralen Bestandteil der Persönlichkeit. »Das Heimtückische an diesem falschen Selbst ist, dass es dem Ko-Abhängigen, der es geschaffen hat, vom Verstand her völlig richtig erscheint. Da die Fassade sich in der Kindheit unbewusst herausgebildet und jahrelang gut funktioniert hat, um ihn vor dem Eingeständnis seiner tiefsten Schmerzen zu schützen, erscheint sie ihm geradezu normal, vertraut, ja legitim. So erscheint uns unser falsches Selbst nicht nur vertraut, sondern auch gerechtfertigt. Wir glauben, dass wir uns unsere Selbsttäuschungen redlich verdient haben, weil wir in der Vergangenheit so tief verletzt wurden.«[2]

An diesem Punkt tun wir gut daran, uns zu erinnern, dass jeder Mensch ein einzigartiges Wesen ist. Wenn auch Ihre leidvollen Erfahrungen denen eines anderen ähneln, so kann die Art und Weise, wie Sie damit fertig geworden sind, völlig anders sein. Geschwister, ja sogar Zwillinge aus demselben häuslichen Umfeld bewältigen ihre Probleme auf ganz unterschiedliche Art und Weise.

Nichtsdestotrotz: Wie unterschiedlich die Strategien auch sein mögen, es gibt ein Muster, nach dem diese Mechanismen verlaufen beziehungsweise diese Überlebensstrategien sich herausbilden.

Rogers Missbrauchserfahrung erzeugte in ihm schmerzliche Gefühle und riss Wunden auf, die nicht bewältigt beziehungsweise geheilt werden konnten. Sie hörten nicht auf zu eitern, je weiter der Missbrauch fortschritt. Gleichzeitig stellte Roger unbewusst Vermutungen über das an, was da gerade in ihm vor sich ging. Zusammen mit den schmerzlichen Gefühlen bildeten sich allmählich negative Denkstrukturen heraus. Aus diesen folgte dann ein Verhaltensmuster, das darauf ausgelegt war, das zarte, zerbrechliche innere Wesen zu schützen.

Verhalten

Wenn man zum ersten Mal einem anderen Menschen begegnet, fällt einem bei ihm zuallererst die Art und Weise auf, mit der er in Beziehung zu einem tritt. Bei unseren Willkommensveranstaltungen für neue Gäste in der Gemeinde erfährt man neben den Namen der Leute schnell auch die grundlegenden Aspekte, auf die es bei ihnen ankommt.

Die eine Person ist freundlich und redselig. Sie packt gleich in der Küche mit an und nichts scheint ihr zu viel Mühe zu bereiten. Im Geiste setzt man sie schon auf die Liste der Küchenhelferinnen für das Frauentreffen. Die andere Person ist dagegen scheu und zurückhaltend. Sie hält sich verkrampft an ihrer Brille fest und hat Mühe, einem offen in die Augen zu schauen. Im Geiste merkt man sich diese Person schon für einen sehr behutsamen Hauskreis vor, dessen Leiter schon weiß, wie man mit solchen Leuten umgeht.

Das Verhalten kann einen ersten Eindruck von einem anderen Menschen vermitteln, aber es ist nur die Spitze des Eisberges. Hinter dem betreffenden Verhalten steht ein ganzer Berg Gedanken und Gefühle. Mit dem Verhalten ist es ein bisschen wie mit einem Auto. Es bewegt sich nur fort, wenn Benzin im Tank ist. Der Treibstoff setzt das Auto in Gang und hält es am Laufen. So ist es auch mit dem Verhalten. Gefühle und Gedanken erzeugen ein bestimmtes Verhalten und bestimmen es auch weiterhin.

Gedanken und Gefühle

Unsere Gefühle und oft auch unser Verhalten sind davon bestimmt, wie wir ein bestimmtes Erlebnis und unsere Einstellung dazu wahrnehmen oder bewerten, und nicht so sehr von dem Erlebnis selbst.

Gefühle und Verhaltensweisen passieren nicht einfach so, auch wenn das viele vielleicht meinen. Sie sind das Ergebnis unseres Denkens, das manchmal sehr schnell und fast schon automatisch oder unbewusst ablaufen kann – wie bei plötzlichem Lärm im Nebenzimmer.

Die Abfolge der Ereignisse ist dabei folgendermaßen:

Ereignis – Interpretation – Gefühl – Verhalten[3]

So könnte man auch die Entstehung von Rogers Problem wie folgt beschreiben: Zunächst war da die Erfahrung dauernden Missbrauches. Als Nächstes kam seine Interpretation beziehungsweise Bewertung davon, die etwa so aussah: »Alle Menschen verletzen einen. Deshalb kann man ihnen nicht trauen.«

Die Gefühle, die aus solch einem Denken folgten, können beispielsweise Wut auf die gewesen sein, die ihn verletzt hatten, oder die Angst, dass so etwas noch einmal passieren könnte. Es lässt sich also ganz leicht nachvollziehen, wie aus solchen negativen inneren Botschaften ungesunde Verhaltensweisen erwachsen.

Das menschliche Denken ist sehr komplex und es wäre sicher verkehrt, es auf so eine einfache Formel zu reduzieren. Und doch ist das zuvor beschriebene Reaktionsmuster sehr hilfreich, wenn es darum geht, ungesunde Verhaltensweisen abzulegen.

Allerdings gibt es noch einen anderen Aspekt, der sich wie ein roter Faden durch unseren Denkprozess zieht und den es zu beachten gilt, nämlich die Entscheidung, die eine Person trifft, um mit dem Schmerz effektiv umzugehen.

Ein traumatisches Erlebnis bringt negative Gedanken und schmerzliche Gefühle hervor. Die betreffende Person sucht dann unbewusst nach einer Antwort auf die Fragen: »Wie kann ich diesen Schmerz los werden?«, und: »Wie kann ich künftig den Schmerz umgehen?«

Die Lösung, für die man sich dabei entscheidet, bestimmt dann den Beziehungsstil oder das Verhaltensmuster jeder seelisch erschütterten Person. Das Ziel besteht somit darin, den Schmerz so gering wie möglich zu halten und dabei die Methode anzuwenden, die am besten funktioniert.

Die häufigsten Strategien, die eingesetzt werden, sind eine Mischung aus Selbstschutz, Kompensation und Flucht.

Schutzmechanismen

Wie gesagt wird jeder mit einem natürlichen Überlebenstrieb geboren. Wir werden mit der Zeit wahre Meister darin, unseren Körper vor Schaden zu bewahren. In ähnlicher Weise lernen wir auch, unser Gefühlsleben zu schützen, indem wir Grenzen setzen.

»Grenzen werden jedenfalls nicht geerbt. Sie werden aufgebaut. Um die ehrlichen, verantwortungsvollen, freien und liebenden Menschen zu sein, als die Gott uns gedacht hat, müssen wir von Kindheit an Begrenzungen erleben, aber im gesunden Sinn. Die Entwicklung solcher Grenzen ist ein fortlaufender Prozess, die entscheidenden Phasen liegen jedoch in unseren frühen Lebensjahren, in denen unser Charakter geformt wird. [...] Der Bau von Grenzen wird bei Dreijährigen am deutlichsten. Zu diesem Zeitpunkt sollten sie die folgenden Grenzen entwickelt haben:

1. Das Kind sollte vertrauten Menschen gegenüber ohne Scheu auftreten können.
2. Das Kind sollte selbst Nein sagen können, und dies bereits auf eine möglichst normale, alltägliche Weise.
3. Das Kind sollte ein Nein von anderen akzeptieren, ohne sich emotional zu sehr zurückzuziehen.«[4]

Diese positiven Grenzen können jedoch auch zerstört werden: durch Missbrauch, traumatische Erlebnisse, zu viel oder zu wenig Disziplinierung, Trennung, unbeständige Zuwendung, um nur einige wenige zu nennen. Wann immer unsere normalen schützenden Grenzen auf die eine oder andere Weise durchbrochen werden, reagieren wir verletzt und fangen an, unangemessene Schutzmauern aufzubauen.

Roy leidet beispielsweise unter seinen Wutausbrüchen und Depressionen. Er hat eine Arbeitsstelle, die ihm nicht zusagt, kann sich jedoch nicht dazu aufraffen, sich nach etwas anderem umzuschauen. Er ist ein sehr besitzergreifender Ehemann und Vater und versucht, seine Frau und seine Kinder davon abzuhalten, Freundschaften zu schließen beziehungsweise ihr eigenes Leben zu führen. Seine Eltern mochten Kinder nicht besonders und waren der Meinung, dass man sie zwar sehen, aber nicht hören durfte. Sie bestanden darauf, dass Roy sich immer sehr diszipliniert zu verhalten hatte.

Ihre kleinlichen Regeln und Bestimmungen hatten verheerende Auswirkungen auf Roy. Eines der Kennzeichen emotionaler Gesundheit sind beispielsweise flexible Grenzen. Roys Sicherheit beruht jedoch auf Kontrolle, die dazu führt, dass er extrem enge Grenzen um sich und seine

Familie zieht. Wenn er nicht lernt, die Dinge lockerer anzugehen und seine Grenzen weiter zu stecken, wird er irgendwann an den Punkt kommen, an dem er eine Art Zusammenbruch erlebt. Roy war auch emotional von seinen Eltern abgeschnitten. Daraus lässt sich ein weiterer Grund ableiten, warum er seine Familie so stark kontrolliert. Er möchte all ihre Liebe für sich behalten und kompensiert dadurch die mangelnde Liebe seiner Eltern.

Kompensation

Ein Kind, dem die Liebe und Anerkennung entzogen wurden, ist emotional ausgehungert. Die »Hungerattacken« können es dazu verleiten, nach jemandem oder nach etwas Ausschau zu halten, das sein Verlangen stillen kann.

Die frühen Entwicklungsstadien im Leben eines Kindes sind äußerst wichtig zur Schaffung emotionaler Grundlagen wie Sicherheit und Akzeptanz. Frank Lake bezeichnete dies als die »dynamische Schaffensphase«. Dieses Stadium erfordert Akzeptanz durch wenigstens eine andere Person, das heißt in erster Linie durch die Mutter und dann durch den Vater. Dieser Zugang zu menschlichen Beziehungen garantiert auf der persönlichen Ebene ein eigenes »Selbst«. Ohne dieses »stirbt« der Mensch als Person oder als Mitglied der Gesellschaft. Ein persönliches Leben ist nur möglich, wenn das suchende »Ich« ein »Du« findet. Nur dadurch kann ein ichhaftes Wesen, eine Persönlichkeit – ein funktionierendes »Ich selbst« –, heranreifen.

Auf die Anerkennung folgt die Entfaltung der Persönlichkeit. Das ist der »Wohlfühl-Aspekt«. Wer liebevolle und selbstlose Beziehungen erfährt, wird durch sie in seinem »Sein« gestärkt. Eigenschaften wie persönliches Wohlbefinden, gute Laune, Mut und persönliche Vitalität sind ein Spiegelbild für das, was uns in dieser Phase von anderen entgegengebracht wurde.[5]

Nur im ersten Lebensjahr kann ein Kind diese Art der totalen Zuwendung erfahren. Danach muss es anfangen zu lernen, sie mit anderen zu teilen. Ein Erwachsener, der diese besondere Entwicklungsphase verpasst hat, wird einen so starken emotionalen Hunger verspüren, dass er sich dazu gedrängt sieht, ihn auf irgendeine Art und Weise zu kompensieren.

Der naheliegendste Ort, um nach einer inneren Befriedigung seines Verlangens zu suchen, ist natürlich bei anderen Menschen. Wenn der emotionale Hungertod in der Kindheit einsetzt, ist der Hunger, der erlebt wird, von recht kindlicher Art. Er kann sich als Sehnsucht ausdrücken, von jemand Stärkerem in den Arm genommen und gestreichelt zu werden.

Während einer Konferenz trank ich gerade in einer der Pausen eine Tasse Kaffee, als ein etwa 20-jähriger Mann auf mich zu trat und sich neben mich setzte. Wir kamen ins Gespräch und er gestand mir seine homosexuellen Neigungen. Er passte so ganz und gar nicht in das stereotype Bild, das man sich von einem Homosexuellen macht. Er war eher ein Macho-Typ und seine gesunde Bräune und gut ausgebildeten Muskeln ließen mich darauf schließen, dass er wohl im Freien arbeitete und in irgendeiner Weise körperlich tätig war. Er erzählte mir, dass er eine homosexuelle Beziehung unterhielt, mit der er gerne brechen wollte, was er jedoch als zu schwierig empfand. Dann sagte er etwas sehr Eindrückliches und Interessantes:

»Wissen Sie, es geht mir dabei nicht um Sex. Was ich möchte, ist, die Arme eines Mannes um mich zu spüren.« Dann sagte er mit einem sehnsuchtsvollen Ausdruck in den Augen: »Wenn ich Ihnen doch nur begreiflich machen könnte, wie das ist, in den Armen eines Stärkeren zu liegen!«

Ich war total überwältigt, so traurig machte mich das. Wie tragisch, dass seine berechtigten kindlichen Bedürfnisse aus welchem Grund auch immer nicht zur rechten Zeit –

im Kindheitsalter – und am richtigen Ort – in den Armen seiner Eltern – befriedigt worden waren!

Eine andere weit verbreitete Art, seinen emotionalen Hunger zu kompensieren, ist, ihn in einen körperlichen Hunger umzuwandeln. Essen, Trinken oder Drogen können, wenn sie dazu benutzt werden, den »nagenden« inneren Hunger zu stillen, diesen zwar im Augenblick beseitigen, aber nie zur vollen Befriedigung führen, weil sie nicht die wahre Ursache des Verlangens berühren. Da bedarf es dann schon noch eines weiteren Schokoladenriegels oder eines weiteren Gangs zum Kühlschrank.

Wenn sich erst einmal eine solche Gewohnheit ausgebildet hat, ist es sehr schwer, wieder mit ihr zu brechen. Die eigentliche Ursache kann zwar beseitigt und bewältigt sein, aber wenn sich die Gewohnheit erst einmal verfestigt hat, kann sie zu einer Art Sucht werden, die eine besondere Eigendynamik entwickelt. Nur ein Eingreifen Gottes oder eine erzwungene Abstinenz können dann noch eine solche Abhängigkeit aufbrechen.

Flucht

Diese Strategie gehört auch in starkem Maß mit zu den menschlichen Überlebenstrieben. Ein Kind lernt schnell, wie es schmerzliche Dinge umgehen kann. Beobachtet man zum Beispiel ein achtzehn Monate altes Krabbelkind, wie es in die Nähe eines heißen Herdes gelangt, dann wird es »Uuii, heiß« sagen und in die andere Richtung davonkrabbeln. Es war offensichtlich in seinem noch jungen Leben schon einmal zu nahe an den Herd gekommen und hatte beschlossen, dass Flucht wohl der beste Weg war, um künftig Schmerzen zu vermeiden.

Es gibt viele Vermeidungsstrategien, um emotionale Schmerzerlebnisse zu umgehen, nicht zugeben zu müssen, dass ein verkehrtes Denken vorliegt, oder ungesunde Verhaltensmuster nicht erkennen zu wollen. Einige Leute verbringen ihr ganzes Leben damit, sich vor bestimmten Situationen zu drücken, ohne je die Gründe zu erforschen, warum dem so ist. Einige geben völlig absurde und unlogische Äußerungen von sich, um ihr Verhalten zu rechtfertigen. Dann gibt es wiederum andere, die schmerzliche Erinnerungen unterdrücken und sie mit einem Mantel der Depression bedecken.

Von all unseren Konfliktbewältigungsstrategien ist wohl die Flucht die geläufigste und die, die am schwersten wieder aufgegeben werden kann. Das Problem dabei ist, dass diese Strategie zur Gewohnheit geworden ist, die man nur schwer wieder ablegen kann. Auch wenn man nach Lösungen sucht, wird die unbequeme oder schmerzliche Wahrheit eher gemieden und nicht offen konfrontiert.

Maggie kam zu mir in die Beratung, weil sie deprimiert und übergewichtig war und Angstzustände hatte. Wir verbrachten sechs Monate damit, Katz und Maus zu spielen. Sie drückte sich vor allen Gelegenheiten, auf ihr niedriges Selbstwertgefühl zu sprechen zu kommen. Stattdessen legte sie dauernd neue Gründe für ihre Depression vor. Sie war eifrig darauf bedacht, mir nur ihr starkes Ich zu zeigen. Ihr Inneres war so verwundet und sie fühlte sich so sehr als Versager, dass sie es gut unter Verschluss hielt. Mir wurde bald bewusst, dass ihre Fluchtstrategie schon so zur Gewohnheit geworden war, dass es für sie nahezu unmöglich war, sie wieder aufzugeben. Sie beschloss, unsere gemeinsamen Treffen zu beenden, als ich sie dazu bewegen wollte, ihrem schwachen inneren Menschen ins Auge zu blicken. Sie behauptete, sie fühle sich nun, wo sie über ihre Probleme hätte sprechen können, schon wesentlich besser und bräuchte keine Hilfe mehr.

Das Problem bei diesen Taktiken ist, dass sie nur schwer zu ändern oder abzulegen sind. Es gibt Zeiten in unserem Leben, in denen wir Strategien zur Bewältigung unserer Probleme brauchen. »Bis zu einem gewissen Grad können diese Schutzmechanismen uns helfen, gefährliche Bedrohungen unserer selbst abzuwehren. In diesem Sinne können sie ein hilfreicher Konfliktbewältigungsmechanismus sein. Aber diese Schutzmechanismen verfestigen sich oft so stark in uns, dass sie zu ungesunden Antworten auf die Realität des Lebens werden und eine ungeheure Dynamik entwickeln, wobei sie uns von uns selbst entfremden und unsere Fähigkeit schmälern, mit anderen wirkungsvoll in Beziehung zu treten.«[6]

Der mutigen Seele, die den Versuch unternimmt, ihre negativen Schutzmechanismen zu durchbrechen, stellen sich einige Schwierigkeiten in den Weg. Die erste Schwierigkeit ist die Macht der Gewohnheit. Gewohnheiten, die ihren Ausgangspunkt in der Kindheit haben, lassen sich von Jahr zu Jahr schwerer wieder abstreifen. Es bedarf nur einiger Wochen, sich gewisse Gewohnheiten anzueignen, aber es dauert bedeutend länger und erfordert größere Anstrengungen, wieder mit ihnen zu brechen.

Neulich beschloss ich, meine Küchenschränke umzuräumen. Gesagt, getan. Danach versuchte ich, mir bewusst einzuprägen, wo welches Teil seinen neuen Platz hatte. Einige Wochen gelang mir das auch recht gut, und da ich davon ausging, dass ich mit den alten Gewohnheiten gebrochen hatte, begann ich, die Sache nicht mehr ganz so ernst zu sehen. Und bald suchte ich wieder im falschen Schrank nach den Tellern, Gläsern und Handtüchern.

Die Macht der Gewohnheiten liegt in erster Linie in der Länge der Zeitspanne, in der sie praktiziert wurden, und erst in zweiter Linie in der Erleichterung und dem Vergnügen, die sie verschaffen. »Sündhafte Gewohnheiten bekommen dann eine unwiderstehliche Anziehungskraft, wenn das Vergnügen, das sie bieten, uns besser über unsere tiefe Enttäuschung hinweghilft als alles, was wir uns vorstellen können. [...] Im Erleben der Lust spürt der Mensch, dass er lebt. Daher erscheint uns auch alles legitim, was dieses Lustgefühl hervorruft.«[7]

Und da kommen wir schon zum nächsten Problem im Umgang mit zur Gewohnheit gewordenen Konfliktbewältigungsstrategien: Sie erscheinen einem so richtig.

»Diese Überlebensstrategien erscheinen so normal, denn sie sind die Verhaltensweisen, die man in seiner frühen Kindheit immer an den Tag gelegt hat, um das Überleben zu sichern.« John Bradshaw nennt sie auch »alte Freunde, die uns treue Dienste erwiesen haben«[8].

Die Strategie, »niemanden zu brauchen«, mag im frühen Kindheitsstadium begonnen haben, denn es war vielleicht wirklich niemand da, als man um Hilfe rief. Wenn ein schutzbedürftiges, hilfloses Kind ständig sich selbst überlassen wird, ohne dass seine Hilferufe beantwortet werden, resigniert es schließlich irgendwann. »Wozu die Sehnsucht, wenn ja doch niemand kommt?«

Der nächste Schritt ist dann also, dass man aufhört, etwas zu wollen und zu brauchen. Das Kind verliert allmählich – wahrscheinlich über Monate hinweg – das Bedürfnis, sich eingehend mit anderen zu unterhalten. Ein Überlebensmechanismus, der sich in einem so frühen Alter ausbildet, erscheint als etwas total Normales: »So bin ich eben!«

Bei anderen wiederum haben sich die Verhaltensweisen ausgeprägt, weil sie es einfach nicht besser wussten. Ein Kind aus einer gestörten Familie zum Beispiel kann mit Eltern aufwachsen, deren Beziehung krankhaft und abartig ist. Im Lauf der Zeit wird dies für das Kind zur Normalität, weil es eben nichts anderes kennt. Und so kommt es, dass Leute ihr eigenes negatives Verhalten mit dem Argument entschuldigen, das sei doch »völlig normal«.

Zu guter Letzt ist es so schwer, diese Verhaltensweisen abzulegen, weil nichts so undurchschaubar ist wie das menschliche Herz, »es ist unheilbar krank. Wer kann es ergründen?« (Jeremia 17,9, HFA).

»Nichts ist einfacher, als sich selbst zu täuschen. Selbstentlarvung tut weh: Sie verletzt unseren Stolz und befleckt die gute Meinung, die wir von uns selbst hegen.«[9] Manchmal täuschen wir uns gern selbst aus Faulheit oder Achtlosigkeit, weil wir einfach nur nicht gestört werden wollen, denn es braucht Energie, in sich zu gehen und seine Motive zu erforschen. Es kann aber auch sein, dass wir es aus reinem Selbstschutz tun. Wir wollen das bisschen Selbstachtung, das wir haben, nicht verlieren. Salomo hat dagegen Folgendes einzuwenden: »Den Toren dünkt sein Weg recht; aber wer auf Rat hört, der ist weise« (Sprüche 12,15).

Um den Nebel der Selbsttäuschung zu lichten, müssen wir etwas Zeit darauf verwenden, einige der häufigsten Überlebenstechniken ins Blickfeld zu bekommen. Beim Lesen können Sie sich Gedanken darüber machen, ob eine der beschriebenen Techniken auch auf Sie zutrifft. Der erste Teil beschäftigt sich mit den Strategien, die am häufigsten angewandt werden, um mit dem Problem der Unsicherheit fertig zu werden.

Kapitel 5

Überwindung der Unsicherheit

Mit dem Heranwachsen lernt ein Kind Stück für Stück, eine stabile aufrechte Haltung einzunehmen. Ein fünfjähriges Kind lernt zum Beispiel allmählich, sein Fahrrad ohne Stützräder zu fahren. Zu Beginn versucht es noch mühsam, einige Meter weit das Gleichgewicht zu halten, dann fährt es noch ein paar Meter weiter, bis es schließlich die Schwerkraft überwunden hat und die Kunst beherrscht, auf zwei schmalen Rädern zu balancieren. Es lernt, Hindernisse, über die es stürzen könnte, zu umfahren, steile Hänge durch schnelleres Treten zu überwinden und anderen Radfahrern auszuweichen.

Unser ganzes Leben lang ist das Balance-Halten ein automatischer Reflex, über den man die meiste Zeit gar nicht nachdenken muss. Er wird lediglich dann zum Problem, wenn er durch irgendetwas gefährdet wird wie zum Beispiel eine Gehirnerschütterung, einen Schlaganfall oder eine Seereise.

Gott gab uns die Fähigkeit, sowohl körperlich als auch emotional das Gleichgewicht zu halten. Aber genauso wie unser äußeres Gleichgewicht kann auch unser emotionales Gleichgewicht gestört werden. Das Leben eines Kindes kann durch Ablehnung, Grausamkeit und Nachlässigkeit aus der Bahn geraten. Kommt es dazu, kann ein Kind von da an schwer daran zu kämpfen haben, um nur einigermaßen das gefühlsmäßige Gleichgewicht zu halten. Wenn es erst die vielen Möglichkeiten entdeckt hat, die scheinbar seine Unsicherheit wieder ins Lot bringen können, wird es alle Anstrengungen unternehmen, um nur ja diese unsichere Balance nicht wieder zu gefährden. Es wird sich schützen, Erlebtes kompensieren oder ein Fluchtverhalten an den Tag legen, wenn etwas auf es zukommt, das es ins Schwanken bringen könnte.

Ein Kind, das aus einer gestörten Familie stammt, in der seine Sicherheitsbedürfnisse nicht entsprechend berücksichtigt worden sind, hat über die Jahre hinweg bestimmte Verhaltensmechanismen entwickelt, um damit fertig zu werden: Verhaltensmuster, die ihm helfen, den Schmerz, die Unsicherheit, die Einsamkeit und das Gefühl der Ablehnung zu überwinden. Diese Strategien dienen dazu, ein trügerisches emotionales Gleichgewicht aufrechtzuerhalten. Sie haben ihren Ursprung in der Kindheit, enden jedoch nicht mit der Kindheit. Sie bestehen auch dann noch fort, wenn sie nichts mehr mit der ursprünglichen Ursache der Notlage zu tun haben. Sie erscheinen dem Betroffenen relativ normal, da sie ja die Verhaltensmuster sind, die er seit seiner frühen Kindheit jeden Tag eingesetzt hat.

Im Erwachsenenalter sind diese Verhaltensweisen dann nicht nur unnötig, sondern oft sogar schädlich. Während sie früher eine Schutzfunktion hatten, wirken sie sich nun selbstzerstörerisch aus.[1]

Obwohl sie so schlechte Stützen sind, um zukünftigen Schmerzen vorzubeugen, halten wir uns trotzdem krampfhaft an ihnen fest. Unsere größte Sorge besteht darin, dass sich frühere Verlusterlebnisse noch einmal wiederholen könnten. Wir sind daher fest entschlossen, nie mehr auf dieselbe Art und Weise verletzt zu werden.

Jeder Mensch ist eine unglaublich komplexe Persönlichkeit. Wenn auch die Bewältigungsstrategien sich von Mensch zu Mensch ähneln können, so sind sie doch nie völlig identisch. Auch ist es relativ unwahrscheinlich, dass immer ein und dieselbe Strategie angewandt wird, um ein Problem zu bewältigen. Die meisten von uns verfügen über eine beachtliche Anzahl an Strategien. Die folgende Aufstellung ist deshalb keineswegs erschöpfend und auch nicht so einfach, wie sie dargestellt ist. Versuchen Sie aber beim Lesen darauf zu achten, ob sich bei den genannten Strategien nicht auch Parallelen zu Ihren eigenen Beziehungsmustern erkennen lassen.

Unsicherheit hat mit der Angst des Menschen zu tun, von der Quelle des Lebens und der Geborgenheit abgeschnitten zu sein. Sie hat damit zu tun, wie wir mit anderen Menschen in Verbindung stehen, die wir für wichtig halten. Deshalb wird diese erste Reihe an Beziehungsmustern die unterschiedlichen Kommunikationsstile aufzeigen, denen eines gemeinsam ist: die Angst vor dem Verlust der Sicherheit.

Das Gürteltier

Ein Gürteltier ist ein Tier, dessen Schutz gegen Gefahren in seiner harten äußeren Schale besteht. Für Menschen, die verlassen und zurückgewiesen wurden, die Trennungen, Unzuverlässigkeit oder Missbrauch erfahren haben, besteht die normale Reaktion darin, um ihr Innerstes herum einen Schutzpanzer anzulegen. Wenn erst mal der Panzer oder die Schutzmauer errichtet ist, ist die betreffende Person vor weiteren schmerzlichen Erfahrungen sicher.

»Eine solche innere Unabhängigkeit kann entweder positiv sein oder aber ausgesprochen unhöflich; sie kann feinfühlig und liebenswert, aber auch ausgesprochen herzlos und befremdend wirken. Wie dem auch sei, die Absicht dabei ist immer die gleiche: Autonomie und Sicherheit. Die Schutzmauer verhindert allerdings, dass sich eine innige Beziehung entwickeln kann und stellt sicher, dass kein Eindringling durch die Vordertür Einlass findet.«[2]

Diese Person bringt sich um die Freude (und den Schmerz!) enger, vertrauter Beziehungen. Und es wird keinem verunsichernden Element gestattet, den Schutzraum zu passieren. Auch dürfen Freude und Traurigkeit, Sehnsüchte und Bedürfnisse nicht zum Ausdruck gebracht werden. Solche spontanen und unvorhergesehenen Gefühle müssen allesamt sicher hinter Schloss und Riegel verwahrt werden. Doch so wird der Schutzpanzer zu einem grausamen Gefängnis!

Jemand, der sehr gelitten hat und schmerzfrei leben möchte, kann für sich beschließen, dass die einzige Möglichkeit zum Überleben das Abtöten der Gefühle ist. »Eine Frau sagte, es wäre mit dem Missbrauch so gewesen, als ob übel riechende Abwässer in ihr Haus eingeleitet worden wären, unter denen sie so lange litt, bis sie ihren Geruchssinn abgetötet hätte.«[3]

Es ist in der Tat schwierig, mit solchen Menschen in Beziehung zu treten, denn sie können nichts von anderen annehmen. Freundlichkeit und Liebenswürdigkeit sind gefürchtete Feinde und dürfen nie in die harte Schale eindringen. Wenn man einem Gürteltier etwas schenken möchte, ist das so, als ob man einen Ball gegen eine Wand wirft: Er prallt ab, ohne Spuren zu hinterlassen. Hinter der Schutzwand verbirgt sich ein zerbrechliches, verängstigtes, verlassenes Kind, das durch seine überwältigende Angst dazu getrieben wurde, sich zu »verstecken«. Wenn nun eine Spur von Wärme oder Liebe durch die Wand hindurchdringen dürfte, dann würde an dem übermächtigen Schmerz ungestillter Bedürfnisse gerührt. Das vernachlässigte Kind könnte am Ende sogar zu hoffen wagen, dass es da draußen jemanden gibt, der es retten könnte, und das wäre überhaupt das Schlimmste. Denn das verletzte Kind weiß ja, dass man niemandem trauen kann und darf und dass dann nur Schmerz und Missbrauch wieder von vorne anfangen würden. Nichts und niemand kann einen solchen Menschen dazu bringen, diesen »Tod« ein zweites Mal zu durchleiden.

Dr. Allender schreibt von einer Frau, die von einem Onkel missbraucht worden war: »Von da an wurde sie zu einem Eisklotz, zu einem gefühllosen Automaten, der seine

Seele in eine Antarktis der eiskalten Ablehnung verbannte. Ihr inneres Totsein folgte aus dem Schwur, eher ihre Seele zu verlieren, als noch einmal so verletzt zu werden. Sie beschrieb sich selbst als Person, die die Lichter anließ, aber nie zu Hause war. Sie lächelte und täuschte Gefühle vor, aber niemand fand je Einlass in ihre leere Seele. Sie war nie bei sich selbst zu Hause.«[4]

Frühe Erfahrungen der Verlassenheit und des Missbrauchs sind vermutlich die Hauptgründe dafür, dass Kinder Schutzmauern um sich herumbauen. Das Leid, das sie erlebt haben, ist für sie unerträglich, und so bleibt ihnen nur noch eine Möglichkeit der Flucht – die Gefühle auszublenden, sie abzublocken. »Wenn ich nichts fühle, empfinde ich auch keinen Schmerz«, so folgern sie.

Carol ist ein Beispiel dafür. Sie war ein glückliches, sorgloses Kind, bis ein Verwandter anfing, sie sexuell zu belästigen. Von da an wurde ihr Leben zu einem Alptraum. Sie erzählte aus Scham niemandem davon; ganz allein ertrug sie den Psychoterror. Erst Jahre später, als eine Freundin sich über ihre Unfähigkeit beklagte, etwas zu empfinden, kam sie ins Nachdenken, ob da ein Zusammenhang bestand. Vom Verstand her wusste sie, dass Gott sie liebte, aber sie hatte nie diese Liebe gespürt. Es war fast so, als ob ihr komplett die Fähigkeit fehlte, gefühlsmäßige Reaktionen zu zeigen.

Erst als der Missbrauch ans Tageslicht kam, fing Carol wieder an, innerlich aufzutauen. Ihr Konfliktbewältigungsmechanismus aus der Zeit des Missbrauchs bestand darin, ihre Gefühle total abzutöten. Sie hatte dies erreicht, indem sie sich während des Missbrauchs voll und ganz auf einen Gegenstand im Raum konzentrierte, etwa eine Vase oder einen Stuhl, und alles andere ausblendete. So überstand sie das Erlebnis. Oberflächlich betrachtet war sie unbeschadet davongekommen, aber innerlich hatte ein Teil ihres empfindsamen Ichs hinter einer schützenden Schale Schutz gesucht.

Leute wie Carol entscheiden sich oft für Nähe statt Intimität. Erst als ihre Freundin sich über ihr distanziertes Verhalten beschwerte, erkannte sie, dass etwas in ihren Beziehungen fehlte. »Distanzierte, nebeneinander herlaufende Beziehungen ersetzen wahre Intimität. Nähe stillt einige der Schmerzen, aber gefährdet nicht das verwundete Herz.«[5]

Natürlich brauchen wir alle auch emotionale Grenzen. Beim idealen Schutzsystem herrscht das richtige Gleichgewicht zwischen Sich-Öffnen und Verschlossen-Sein. Wenn wir zu jedem zu offen sind, fehlt uns der nötige Schutzraum. Wenn wir zu verschlossen sind, kapseln wir uns zu sehr in unsere Privatsphäre ab. Ein gesundes Schutzsystem hält eine natürliche Balance, die Nähe und Rückzug gleichermaßen möglich macht. Unsere Außenwände sollten geschlossen oder geöffnet werden können, wenn es die jeweilige Situation erfordert.[6]

Der entscheidende Punkt dabei ist natürlich die Entscheidungsfreiheit. Haben wir die Wahl, je nach Wunsch unsere Grenzen zu lockern und zu schließen, oder werden wir zu schnell von anderen Menschen überrumpelt oder sind unfähig, uns überhaupt noch zu öffnen?

Der Panzer des Gürteltiers ist ein guter Schutz, aber manche Leute denken, das wäre noch nicht genug und bestücken ihre Schale noch mit Stacheln.

Der Kaktus

»Sabras« heißen im Hebräischen leicht scherzhaft die in Israel geborenen Juden. Der arabische Ursprung dieses Wortes geht auf ›sabr‹ zurück, der Name der Frucht des wilden Feigenkaktus. Der Kaktus hat eine raue, harte Oberfläche, die mit feinen haarigen Stacheln besetzt ist, während das Innere des Gewächses sehr weich und süß ist. Er ist mit äußerster Vorsicht zu behandeln. Sonst wird die

Hand, die ihn berührt, von diesen scharfen, fast unsichtbaren Dornen gestochen, die nur sehr schwer wieder zu entfernen sind.

Feindseligkeit ist ein wirksamer Verteidigungsmechanismus. Die Stacheln namens Aggression, Kritiksucht, Destruktivität und Rebellion halten andere auf sicherer Distanz. Wie ein Kaktus ist diese Person im Innern weich, aber die wenigsten Menschen kommen je über die Stacheln hinaus und können das entdecken. Diese Person weist andere zurück, bevor sie selbst zurückgewiesen wird. Sie hat oft unerfüllbare Erwartungen an ihre Freunde und Bekannten und ist wütend, wenn diese die gespannte Messlatte nicht erreichen. Diese Person ist auch oft sehr schlagfertig und kann weniger Begnadete in Grund und Boden reden. Ihre Feindseligkeit ist gepaart mit tiefer Verachtung für die Menschheit schlechthin oder nur für ein Geschlecht dieser Spezies. Für gewöhnlich verachtet der Kaktus Leute des gleichen Geschlechts, da diese ihn verletzt und dominiert haben. Es kann aber auch das andere Geschlecht sein.

Der »innere Schwur« besteht für den Kaktus darin, nie jemand anderem – wie der Person, die ihn missbraucht hat – zu gestatten, dass er ihm zu nahe kommt und er wieder missbraucht wird. Das heißt nun aber nicht, dass eine solche Person nicht heiraten und Freunde haben wird. Doch wird diesen Beziehungen immer etwas fehlen.

Ein Kaktus wird oft so beschrieben: »Er ist klug und witzig und versteht auch Spaß, aber er lässt einen nie nahe genug an sich heran.« Es ist, als ob bissige Hunde das Herz des Kaktus bewachen würden: Man kommt bis zur Haustür, aber nicht weiter. Allender schreibt: »Verachtung ist ein grausames Betäubungsmittel für die eigenen Sehnsüchte. Wenn ich meine Verachtung gegen mich selbst richte, versperre ich dir den Weg, so dass du nicht auf mich zukommen kannst, und unterdrücke mein Verlangen, dass du dich um mich sorgst. Wenn ich meine Verachtung gegen dich richte, bin ich von dem Wunsch und Denken befreit, etwas von dir zu wollen. In beiden Fällen zerstört die Verachtung das Verlangen.«[7]

Trotzige Rebellion kann auch ein gewichtiger Teil dieses Abwehrsystems sein. Diese selbstzerstörerische Reaktion verleiht dem verletzten Opfer ein Gefühl der Stärke. »Sie kümmern sich nicht um mich. Nun, ich werde mich auch nicht um sie kümmern. Wen kümmert schon, was sie wollen? Ich brauche niemanden! Ich tue, was ich will.«

Solche Menschen gehen dann weiterhin ihren eigenen Weg und lassen eine Spur verletzter Menschen hinter sich zurück. Aber letztendlich sind die, die sie am meisten verletzen, sie selbst.

Bei Menschen, die durch früheren Missbrauch, durch Ablehnung oder Verlassenwerden verwundet wurden, löst die Angst vor einer neuen ähnlichen Verletzung die Schutzreaktion aus. »Der Wunsch, sich in Beziehungen mit anderen wohl zu fühlen, öffnet wie kaum eine andere Erfahrung die Tür zu vergangenem Horror und zukünftigem Terror.«[8] Heraus mit den Stacheln und die Beziehung ist wirkungsvoll blockiert!

Beim Gürteltier wie auch beim Kaktus herrscht oft ein starkes Kontrollbedürfnis vor.

Der Kontrolleur

Wenn man die Kontrolle über seine Umwelt und seine Beziehungen hat, hält man die eigene Unsicherheit in Grenzen. Wenn man einmal dem Schmerz, den ein Stärkerer einem zugefügt hat, hilflos ausgesetzt war, wird man sich das Ziel setzen, sich nie mehr in eine so verletzliche Position zu begeben.

Kinder, die durch eine grausame Autoritätsperson misshandelt, sexuell missbraucht oder ständig gehänselt und schikaniert wurden, sind besonders anfällig für diese Art von Konfliktbewältigungsstrategie. Solche Erfahrungen können beim Opfer ein ausgeprägtes Unrechtsbewusstsein und eine grässliche Angst vor der eigenen Hilflosigkeit bewirken. Klein und verletzlich und machtlos zu sein und sich in den Fängen einer größeren, stärkeren Person zu befinden, die Macht über einen ausübt und einen benutzt, ist etwas Schreckliches.

Sally ging es so. Einige Jahre lang wurde sie als Kind von ihrem Großvater sexuell missbraucht. Heute ist es für Sally extrem wichtig, alles im Griff zu haben. Sie mag es nicht, wenn irgendjemand anderes die Initiative ergreift und die Dinge unter Kontrolle hat. Sie hat Angst vor spontanen Änderungen und mag es, wenn etwas ordentlich und planmäßig erledigt wird. Vor allen Dingen liebt sie keine Überraschungen und bevorzugt Ereignisse, die sich an die Agenda halten. Nur dann kann sie sich auch der bevorstehenden Abläufe sicher sein und wissen, was auf sie zukommt. Brechen zum Beispiel in einem Gottesdienst irgendwelche Emotionen auf oder tut Gott etwas Unerwartetes, dann überkommt sie das starke Verlangen, davonzulaufen.

Diese Strategie sollte allerdings nicht mit Selbstdisziplin verwechselt werden, die sehr gut und nützlich und der Bibel nach sogar eine »Frucht des Heiligen Geistes« ist. Dabei geht es um eine angemessene Selbstbeherrschung, die jeder Mensch braucht, um seinen Alltag zu bewältigen. Die Motivation des »Kontrolleurs« ist hingegen Selbstschutz und seine Dominanz richtet sich gegen alles und jeden, der seiner Sicherheit bedrohlich werden könnte.

Ein solcher »Kontrolleur« kann dem Unbedarften als sehr reif, sogar als guter Leiter erscheinen. Solche Menschen werden oft in Führungspositionen gebracht, weil sie anscheinend so geeignet sind und weil ihre eigene Not sie dazu treibt, sich eine solche Position zu suchen. In jeder Gruppe spielen sich solche Leute als Leiter auf, auch wenn bereits ein Gruppenleiter ernannt worden ist, und zwar einfach, weil sie nicht anders können. Für sie ist es schlicht und ergreifend zu beklemmend, wenn jemand über ihnen steht. Sie sind in der Regel jedoch gar keine so guten Leiter, weil sie keine Aufgaben an andere delegieren können. Das könnte ja zu gefährlich sein.

Als Kind haben sie wahrscheinlich versucht, Klassensprecher zu werden, auch wenn sie nicht sehr beliebt waren. Andererseits können sie aber auch ein Rabauke in der Schule gewesen sein. Als Erwachsene bestimmen sie dann über ihre Freunde, Geschäftspartner, Kinder und insbesondere Ehepartner. Ein solcher Typ kann zum Beispiel, wenn Besuch da ist, quer über den Tisch seine Frau anschnauzen, wann immer sie den Mund aufmacht. Und sie kann der Typ Frau sein, deren Mann nach einer Besprechung nach Hause humpelt, weil sie ihn durch ihre Tritte unter dem Tisch zum Schweigen gebracht hat.

Das Bedürfnis, immer Herr der Lage zu sein und immer das Sagen zu haben, scheint von Generation zu Generation weitergegeben zu werden. Lizzy wurde von ihrer kranken Mutter kontrolliert. Vom Krankenbett aus rief Lizzys Mutter ihr ihre Befehle zu – und Lizzy gehorchte. Sie wurde ihrer Kindheit völlig beraubt. Anstatt spielen zu können, musste sie für ihre Mutter einkaufen gehen. Anstatt Hausaufgaben zu machen, machte sie Hausarbeit. Aus Angst, wieder so ausgenutzt zu werden, wurde sie zu einer herrschsüchtigen Erwachsenen. Sie heiratete einen Mann, den sie herumkommandieren konnte, und mischte sich über Gebühr in das Leben ihrer Kinder ein. Sie stieß jeden vor den Kopf, der versuchte, ihr zu nahe zu treten, und ist heute eine einsame alte Frau, die keine Freunde hat.

Unsichere Eltern neigen dazu, ihre Kinder übermäßig zu kontrollieren. Sie halten die Zügel straff und sind ängstlich darauf bedacht, dass die Kinder nichts Falsches tun und der

Familie keine Schande bereiten. Ein zwanghaft kontrollierender Elternteil ist sich immer sicher, dass er alles am besten weiß und kann und dass er nur im Interesse des Kindes handelt. Die Kinder solcher bestimmender Eltern rebellieren dann entweder – manchmal auf recht drastische Weise – oder sie ducken sich unterwürfig.

Ein mir bekannter Vater, der viel Wert auf den christlichen Glauben legte, hat seine Kinder während ihrer ganzen Kindheit dominiert und eingeschränkt. Die Kinder wuchsen heran und wurden zu wütenden, rebellierenden Menschen, die starke Rachegefühle gegen ihren Vater hegten. Schließlich gab eine Tochter als äußerstes Zeichen der Rebellion den Glauben an Gott auf und wandte sich der Hexerei zu.

Innerhalb der Familie wird der kontrollierende Part allerdings nicht immer nur von einem Elternteil eingenommen. Auch die Kinder oder ein einzelnes Kind können die Familie total in Schach halten. Zum Beispiel empfinden viele Jugendliche, dass ihnen ihr Leben auf erschreckende Weise entgleitet, und aus diesem Grund durchlaufen manche eine Phase der Fress- oder Magersucht. Eine Sache, die sie auf alle Fälle kontrollieren können, ist ihr Aussehen und ihr Körpergewicht, und dies kann ihnen eine gewisse Sicherheit verleihen. Der Magersüchtige kontrolliert dann nicht nur sich selbst, sondern auf versteckte Art und Weise auch seine Eltern.

Nancy Groom weist darauf hin, dass dieses Kontrollbedürfnis keinen Raum für Gnade lässt: »›Ko-Abhängige‹[9] agieren aus einer bewussten oder unbewussten Furcht heraus und ihre Versuche, andere zu kontrollieren, rühren aus dieser Angst her und der Dynamik, die ihr zu Grunde liegt. Es handelt sich dabei um eine Furcht um die eigene innere Sicherheit, um ihren Ruf oder den ihrer Familie, um ihre finanzielle Sicherheit oder um das Wohl eines anderen. Sie lässt keinen Raum für Gnade und Glauben – weder den Glauben an Gott noch den Glauben an die Fähigkeit des anderen, für sich selbst zu entscheiden. Die Furcht blendet den Glauben aus.«[10]

Die Person, die das Kontrollbedürfnis hat, mag dies sehr offenkundig zeigen oder aber in einer versteckteren Art und Weise tun. Anderen in Not zu helfen und sich um sie zu kümmern, sind weit weniger offenkundige Strategien. Doch auch sie bewirken, dass man die Oberhand behält und sich beziehungsmäßig in Sicherheit wiegt.

Der Bernhardiner

Der Bernhardiner ist ein großer Hund, der darauf abgerichtet wurde, Menschenleben zu retten. Bei Wind und Wetter durchstreift er die Schneelandschaft, um nach Notfällen Ausschau zu halten. Um seinen Hals trägt er ein kleines Fässchen Schnaps, um halb Erfrorene neu zu beleben. Dies könnte auch eine Beschreibung eines zwanghaften Rettertyps sein.

Das Bedürfnis, andere zu retten, hat oft seinen Ursprung in einem chaotischen Familienleben. Vielleicht war der Vater oder die Mutter Alkoholiker und das Leben zu Hause bot keine Sicherheit. Man lebte in einem Zustand ständiger Angst und Unsicherheit. Oder die Mutter war vielleicht kränklich, bewältigte den Alltag nicht und es herrschte ein ewiges Durcheinander. Die Hausarbeit wurde vielleicht nie erledigt, die Bügelwäsche türmte sich, das Abendessen war nie rechtzeitig fertig, bis der kleine Billy oder die kleine Sally mit anpackten. Allmählich lernten sie, die Familie von dem Chaos um sie herum zu befreien. Eine gewisse Ordnung wurde geschaffen, Gewissensbisse wurden zur Seite geschoben und die Familie war dankbar. Auf diese Art wird der gewohnheitsmäßige Rettertyp geboren!

Tony wuchs in einer großen Familie auf, in der immer alles zu knapp war. Soweit er sich erinnern konnte, fühlte er sich nie erwünscht oder umsorgt. Manchmal war der

Schmerz darüber unerträglich. Wenn er daheim half und sich beschäftigt hielt, konnte er seine negativen Gefühle auf ein erträgliches Maß herunterschrauben. Und es bestand ja immer noch die Hoffnung, dass ihn schließlich doch noch einer bemerken und vielleicht sogar mal loben würde. Dieses Verhalten wurde für ihn so zur Gewohnheit, dass er es bald nicht mehr nur für die Familie tat, sondern auch für jeden anderen, von dem er glaubte, dass er eine helfende Hand nötig hätte. Er distanzierte sich dabei von seinem Schmerz und genoss eine Art »gestohlene Intimität« mit den Menschen, denen er beistand.

»Es liegt etwas Zwanghaftes an dieser Rolle, so als läge die Identität des Ko-Abhängigen darin, der ›Retter‹ beziehungsweise der Herr der Lage zu sein. Diese unerkannte, verborgene Befriedigung durch eine real oder imaginär ausgeübte Kontrolle, die unweigerlich zu der Rolle des Retters gehört, verschafft dem Ko-Abhängigen tatsächlich ein sehr gutes Gefühl. Es verschafft ihm sogar ein Gefühl der Macht und Erhabenheit.«[11]

Der Helfertyp kommt in die Sprechstunde, weil er wiederholt Probleme mit seinen Beziehungen hat oder auch weil er sich übernommen hat und sich ausgebrannt fühlt. Er hat sich verausgabt in dem Versuch, mit den Bedürfnissen seiner Familie und all derer, die er sonst noch so kennt, fertig zu werden. Er wird versuchen, den Seelsorger davon zu überzeugen, dass er all das ja nur aus uneigennützigen Motiven heraus tut. Er wird vielleicht sogar sein Verhalten mit den Worten zu entschuldigen versuchen: »Jesus hätte das auch getan.«

Jesus war ohne Frage ein Retter par excellence. Der Unterschied liegt jedoch in der Motivation! Jesus tat nur das, was sein Vater ihm auftrug (Johannes 5,19). Seine Motivation, uns zu erlösen, lag im Willen seines Vaters begründet. Auf dem Ölberg betete er: »Nicht mein, sondern dein Wille geschehe!« (Lukas 22,42). Deshalb eilte er auch Lazarus nicht sofort zu Hilfe. Er blieb zwei Tage am gleichen Ort. Er heilte nur eine einzige Person am Teich Betesda, wo es noch viel mehr Bedürftige gab. Er zog weiter in das nächste Dorf und ließ Menschen hinter sich zurück, die sich noch immer um seine Aufmerksamkeit rissen. Er sah sich nicht aufgrund irgendwelcher ungestillter Bedürfnisse in sich selbst gezwungen, anderen zu helfen.

Der zwanghafte Retter sieht sich jedoch einem inneren Druck ausgesetzt, anderen zu Hilfe kommen zu müssen. Er kann nicht »Nein« sagen und keinem eine Bitte abschlagen. Er hat keine Wahl; er kann nicht anders.

Unter all den Mechanismen zur Konfliktbewältigung ist dieser Mechanismus am schwierigsten zu überwinden. Das heißt nicht, dass der geheilte »Retter« nicht irgendwann wieder jemandem helfen wird. Der Unterschied wird aber darin liegen, dass er dann die Wahl hat, die er zuvor nicht hatte. Er wird dann die Zeit haben, sich auf Herz und Nieren zu prüfen und sich die Frage zu stellen: »Ist das etwas, was Gott von mir möchte oder nicht?«

Der zwanghafte Rettertyp wird sich nie diese Frage stellen. Er gibt nur und gibt und gibt, ohne zu fragen, er hilft und hilft. Er wird müde. Er fühlt sich verkannt und nicht geschätzt. Er wird bitter und bricht schließlich erschöpft zusammen.

Obwohl es bei diesen vier letztgenannten Typen auch Anzeichen von Kompensation und Flucht gibt, so geht es bei ihnen doch in erster Linie um Schutzmechanismen, das heißt Strategien und Manöver, um das Innerste vor Leiden und Schmerz zu schützen.

Die nächste Gruppe stellt eine Reihe von Typen dar, die vorwiegend den Weg der Kompensation eingeschlagen haben. Die Unsicherheit ist zwar immer noch der Ursprung des Übels, aber die Art, damit fertig zu werden, ist anders. Beim ersten Reaktionstyp ist die Taktik am offensichtlichsten und daher relativ einfach zu durchschauen.

Der Efeu

Diese Kletterpflanze braucht eine solide Stütze wie eine Wand oder einen Baum, an die sie sich klammern kann. Sie streckt ihre Fühler beziehungsweise Ranken aus, trifft auf einen Wirt und heftet sich fest an ihn. Das Problem dabei ist nur, dass der Efeu diese Wirtspflanze oft verletzt oder sogar zerstört. Dies ist zugleich eine Beschreibung für eine Person, die ihre Sicherheit darin findet, emotional von anderen abhängig zu sein, sich an sie zu klammern. Leanne Payne beschreibt diese Art von Menschen als Leute, die »sich an eine Kreatur anlehnen«, anstatt sich nach oben zu Gott hin auszurichten.

Für Frank Lake entspringt diese Taktik schon den Erfahrungen des ersten Lebensjahres. Sie ist eine lebenslange Reaktion auf eine längst vergangene Situation, die ihren Ursprung in dem seelischen Schmerz der Trennung des Säuglings von der Mutter hat, und zwar zu einem Zeitpunkt, als sein Bedürfnis am stärksten war. Danach war die Angst, die Mutter könnte nicht da sein, immer gegenwärtig. Dies kann nur durch ein Verhalten ausgeglichen werden, das menschliche Zuwendung sucht. Und daher wird alles dem starken emotionalen Bedürfnis geopfert, sich an einen anderen Menschen klammern beziehungsweise anlehnen zu können.[12]

Der Hunger in solchen Menschen ist schier unersättlich. Sie strecken die Händchen durch die Gitterstäbe wie die rumänischen Waisenkinder im Fernsehen – und wissen doch nicht, wonach sie eigentlich suchen. Obwohl sie entschlossen sind, ihr Bedürfnis nach Liebe und Wertschätzung zu stillen, haben sie nicht die leiseste Ahnung, wie sie das bewerkstelligen können. So sind sie unentwegt auf der Suche, ihre innere Leere auszufüllen. Sie sind sich jedoch noch nicht einmal darüber im Klaren, dass überhaupt eine Leere vorhanden ist oder dass sie auf der Suche sind. Und so werden sie regelrecht von Beziehungen abhängig und suchen in einer Person nach der anderen die Liebe und Bedeutung, nach der sie so sehr hungern.[13]

Tragisch dabei ist nur, dass dieser Hunger nie gestillt werden wird. Sie sind wie ein Eimer ohne Boden. Liebe und Aufmerksamkeit fließen von oben hinein und unten wieder heraus. Es scheint nie genug zu sein. Oder es ist nie vollkommen und reicht deshalb nicht aus. In Wirklichkeit aber suchen sie nach etwas, was viele Jahre zuvor schon ihr Eigen hätte sein sollen. Eine so innige Liebe und Zuwendung ist aber nur in den ersten Monaten möglich. Wenn diese Zeit vorüber ist, kann uns kein Mensch auf dieselbe Art und Weise lieben – und wir sollten das auch von niemandem erwarten.

Der »emotional Abhängige« treibt seine endlose Suche weiter in der Hoffnung, dass diese oder jene Person seine innere Leere füllen könnte und ihn für all das entschädigt, was er entbehren musste. Diese Suche ist so selbstbezogen, dass das Geben und Nehmen einer normalen Beziehung nie gewürdigt wird. Um es anders auszudrücken: Diese Person wird auf der Suche nach dem, was nicht ist, auch das verlieren, was ist.

Anstatt andere zu lieben, wird der Betreffende versuchen, andere dazu zu bringen, dass sie ihn lieben. Sein Ziel ist nicht zu geben, sondern zu bekommen. Und so wird die Bindung mit den Jahren immer zwanghafter.[14]

Christopher ist solch ein Kletterefeu. Er genießt in vollen Zügen die liebevolle Fürsorge der vielen Mädchen, die dem Charme seines »Verlorenen-Hundebaby-Blickes« erliegen. Er bindet sich aber nie fest an jemanden. Stattdessen hält er sich immer mehrere »Flammen« warm. Jede ist zuversichtlich, dass sie einmal die Glückliche sein darf, die diesen bedürftigen, charmanten jungen Mann umsorgen darf, der ihre mütterlichen Instinkte erweckt. Aber Christopher hat ja schon das, was er braucht. Er hat nicht nur eine Mutter, er hat sogar mehrere. Er wird umschwärmt, umsorgt und von jeglichen Verantwortlichkeiten und Verpflichtungen fern gehalten, bis auf die, sich ihre Zuneigung zu erhalten, was für ihn eine leichte Übung ist. Solange er der Mittelpunkt ihres Interesses bleibt, ist alles in bester Ordnung – aber wehe dem Mädchen, das versucht, seinen Fängen zu entkommen! Er ist sich nämlich überhaupt nicht im Klaren, was er in den Herzen seiner Opfer anrichtet.

Der anhängliche Efeu kann seinem Wirt schaden. So kann auch der emotional Abhängige dem Objekt seiner Abhängigkeit Verletzungen zufügen. Das Problem dabei ist die so genannte Übertragung, die zu dieser Strategie gehört.

Übertragung bedeutet, dass Gefühle von einem Gegenstand oder einem Menschen auf einen anderen verschoben oder auf diesen projiziert werden. Das trifft vor allem auf Personen zu, die Gefühle oder Haltungen, die sich eigentlich auf die Eltern beziehen, auf andere übertragen, die ähnliche Assoziationen hervorrufen. Diese Gefühle oder Gefühlsübertragungen können entweder positiv (wie Liebe, Vertrauen oder eine positive Erwartungshaltung) oder negativ (Hass, Misstrauen oder negative Erwartungshaltung) sein.[15]

Valerie hatte sich in eine solche Beziehung verrannt. Ihre kindliche Trennungsangst führte dazu, dass sie eine Freundin geradezu vergötterte. Ihre Gedanken und Gefühle, die im vergangenen Liebesentzug (in der so genannten Deprivation) gründeten, richteten sich nun ausschließlich auf diese Freundin. »Sie wurde zu einem götzenhaften Objekt, einem Ersatz für das wirkliche Objekt meines Argwohns, Hasses, Misstrauens, Zorns, Neides, meiner Angst und Eifersucht.«[16]

Wenn ein Kind den Verlust der Liebe und Zuwendung seiner Eltern erlebt hat, lauern neben der Sehnsucht nach Geborgenheit zugleich auch Gefühle der Wut und des Hasses. Diese Gefühle können verletzen und dem »Idol« des Abhängigen Schaden zufügen. Solange das »Objekt der

Begierde« genug Zuwendung geben kann, werden die Gefühle der Wut überlagert. In dem Moment jedoch, in dem sich das Idol entfernt und anscheinend jemand anderem seine Aufmerksamkeit schenkt, treten die Gefühle der Wut voll zu Tage.

Es kann in jeder Kirche zum Problem der Übertragung kommen. Es kann zwischen den Gemeindegliedern oder zwischen einem Gemeindeglied und dem Pastor auftreten. Der Gemeindeleiter ist offensichtlich ein beliebtes Objekt für die Übertragung solcher Gefühle. Als Nächstes folgt dann seine Frau. Aufgrund ihrer Position sind sie die Vater- und Mutterfiguren für die Kirchenfamilie. Gemeindeglieder, die ungelöste Probleme in Bezug auf ihre eigenen Eltern mit sich herumschleppen, werden sehr wahrscheinlich ihre ungestillten Bedürfnisse auf den Leiter der Gemeinde projizieren. Ihre Wut kann dabei leicht überkochen, wenn diese Bedürfnisse nicht auf die Weise befriedigt werden, wie sie es sich erhofft hatten. Und so können sich gewisse Emotionen zerstörerisch auf die Gemeindeglieder auswirken.

Gelegentlich kann sich die Strategie des anhänglichen Efeus aber auch zum Teil so entladen, dass er sich dramatisch in Szene setzt, um Aufmerksamkeit zu erheischen.

Der Selbstdarsteller

Frank Lake beschreibt diese Art von Person als verführerisch, exhibitionistisch und theatralisch. Ihre Selbstdarstellung wird begleitet von einem hohen Maß an Suggestivität, Selbsttäuschung und emotionaler Manipulation möglicher Helfer. Ihr liegt die Idee zu Grunde, Aufmerksamkeit auf sich zu lenken und auch zu behalten.[17]

Dieses Bedürfnis, im Mittelpunkt des allgemeinen Interesses zu stehen, zeigt sich auf ganz unterschiedliche Art und Weise. Der Selbstdarsteller wird leicht ärgerlich, und wehe dem Schuldigen! Ein solcher Mensch wird, da er emotional nicht sehr tiefgründig ist, sicher den Schuldigen bluten lassen und den Schmerz voll auskosten, bis jeder die Wunden gesehen hat. Wenn auch das nicht das gewünschte Mitgefühl hervorruft, kann ein Selbstmordversuch an der Reihe sein.

Zuweilen wird sich ein solches Schauspieltalent mit einer erstaunlichen Geschichte oder einem wundersamen Erlebnis selbst in Szene setzen oder in den Mittelpunkt rücken. Der Selbstdarsteller wird zum Beispiel seltsame Krankheiten bekommen oder knapp an einem Unfall vorbeischlittern. Dann sieht man ihn in die Kirche humpeln – natürlich am besten mit Krücken oder mit einem Arm in der Schlinge.

Es fällt schwer, mit solch offensichtlich nach Aufmerksamkeit suchenden Menschen dauernd Mitgefühl zu empfinden. Wir tun gut daran, uns daran zu erinnern, dass unerfüllte Bedürfnisse etwas sehr Schmerzhaftes sein können. Wenn jemand leidet, wird er wahrscheinlich selbstbezogen. Das kennt jeder Mensch von sich selbst. Stellen Sie sich nur einmal vor, Sie bekommen plötzlich rasende Zahnschmerzen. Da denkt man nur noch daran, dass man diesen Schmerz schnell wieder loswerden möchte. Und wenn man den Zahnarzt dazu an seinem freien Samstag bemühen muss – was soll's. Die Schmerzen müssen gelindert werden. Das ist das Wichtigste. Dieses Empfinden als Dauerzustand ist typisch für einen Selbstdarsteller.

Ein weiterer Auswuchs des Efeus ist das Opfer.

Das Opfer

Wie beim Selbstdarsteller so weckt auch die Strategie des Opfers Aufmerksamkeit. Das Gefühl der Zurückweisung trägt es wie ein Kleidungsstück für alle sichtbar mit sich herum. Manchmal ist es eine längst vergangene Situation, auf der es noch immer herumreitet. Die Geschichte wird immer wieder aufgewärmt. Manchmal ist es aber auch eine Zurücksetzung, die sich erst vor kurzem ereignet hat. Egal, wie viel Verständnis dieser Person jedoch entgegengebracht wird, sie wird nie von ihrem Schmerz wegkommen, ob er nun eingebildet oder real ist. Würde sie ihn nämlich aufgeben, würde sie auf die ach so süßen Bonbons wie Sympathie und Mitleid verzichten müssen.

Diese Art von Selbstbelohnung ist jedoch nicht das Einzige, was das Opfer gefangen hält. Wir brauchen alle eine ganz eigene Identität. Sie ist für unser Wohlbefinden enorm wichtig. Wir müssen alle wissen, wer wir sind; wissen, dass wir eine eigenständige Persönlichkeit und von allen anderen verschieden sind.

Das Opfer hat sein Leiden zu seiner Identität gemacht. Es loszulassen und die Freiheit zu umarmen und Glück und Zufriedenheit zu empfinden, wäre zu gefährlich. Wer wäre das Opfer denn dann? Ein Niemand! Jahrelang hat es sich als Person über sein trauriges und schwieriges Leben definiert. Diese Identität mag vielleicht schmerzhaft gewesen sein, aber zumindest war da etwas – und sogar etwas Besonderes. Dies zu ändern und jemand ohne Identität zu werden, wäre zu riskant.

Tragisch ist dabei, dass sich das Opfer oft viel lieber dazu entscheidet, in einem einsamen Gefängnis zu verharren, als seine Freiheit in der Menge anzunehmen.

Abhängigkeiten

Die zuletzt genannten Strategien sind Formen der Abhängigkeit. Menschen werden abhängig von Beziehungen und von Aufmerksamkeit, um die Leere in sich zu füllen.

Es gibt viele verschiedene Arten von Abhängigkeiten. Dr. Archibald Hart nennt sieben Punkte, die allen gemeinsam sind:

1. Abhängigkeiten dienen dazu, uns von unseren wahren Gefühlen fern zu halten und schaffen eine Form der Flucht.
2. Abhängigkeiten haben eine totale Macht über den Abhängigen, und diese völlige Kontrolle übersteigt jede Logik.
3. Abhängigkeiten haben immer auch mit Vergnügen zu tun.
4. Auf lange Sicht gesehen wirken sich Abhängigkeiten schädlich, zerstörerisch und ungesund aus.
5. Ein abhängiges Verhalten dominiert alle anderen Lebensbereiche.
6. Abhängige leugnen ihre Abhängigkeit.
7. In gewissem Maße sind alle Abhängigkeiten Abhängigkeiten von bestimmten Stoffen oder Substanzen.[18]

Was Dr. Hart mit diesem letzten Punkt sagen will, ist, dass bei der klassischen Drogensucht dem Körper Stimulanzien oder spannungslösende Mittel zugeführt werden. Man nennt sie daher »exogen«, von außen kommend. Bei so genannten »Prozess-Abhängigkeiten« sind die chemischen Stoffe dagegen »endogen« – sie stammen aus dem Körper selbst. Zum Beispiel ist der Ausstoß von Adrenalin in extremen Stresssituationen lange Zeit für seine stimulierende Wirkung bekannt gewesen und wird oft als angenehm empfunden. Und wenn wir uns einmal bewusst machen, dass das Gehirn seine eigenen drogenartigen Stoffe wie Endorphine (so genannte endogene Morphine) produziert, die dazu dienen, Schmerzen zu lindern und die Stimmung aufzuhellen, versteht man eher, warum bestimmte Verhaltensweisen selbst eine Abhängigkeit darstellen können.

Viele zur Konfliktbewältigung eingesetzten Mechanismen fangen als Verhaltensweisen an, die uns helfen sollen, schlechte Gefühle zu vermeiden. Durch einen regelmäßigen Gebrauch können sie dann zur Abhängigkeit werden, die uns ganz bestimmt.

Der Kaufzwang

Lucy war eine junge, unerfahrene Mutter. Erst vor kurzem war sie in eine neue Gegend umgezogen und kannte dort noch niemanden. Ihre Familie war weit weg und aufgrund ihrer Schüchternheit schloss sie auch nicht so schnell neue Freundschaften. Von früh morgens bis spät abends, wenn ihr Mann nach Hause kam, fühlte sie sich einsam und langweilte sich oft. Sie war kein ausgesprochen mütterlicher Typ und die Tatsache, dass sie ein Kind hatte, half kein bisschen, die Depression abzuwenden, die sie allmählich überkam. Die einzige Zeit, in der sich ihre schlechte Stimmung löste und sie sich glücklich fühlte, war, wenn sie einkaufen gehen und sich unter die geschäftigen Passanten mischen konnte. Sie liebte Bücher, Musik und alle Art von Kunsthandwerk. Schon allein das Herumstöbern und Ausschauhalten, das Auswählen und Kaufen hoben ihre Laune beträchtlich, ein Hoch, das dann für den Rest des Tages anhielt. Das einzige Problem war nur, dass sich die Depression am nächsten Tag wieder einstellte.

Allmählich wurde das Einkaufen zum notwendigen Bestandteil ihres Lebens. Sie konnte die Vormittage nur überstehen, indem sie darüber nachdachte, was sie am Nachmittag einkaufen wollte. Sie verbarg diesen zwanghaften Impuls monatelang vor ihrem Mann, aber schließlich entdeckte er doch die vielen Rechnungen, die sich angesammelt hatten. Er bezahlte die Rechnungen und ermahnte Lucy, dass die großen Ausgaben ein Ende haben müssten. Doch das war einfacher gesagt als getan! Denn das Einkaufen linderte ihre Langeweile und ihre Einsamkeit wie kaum etwas anderes.

Martin dagegen schlug einen anderen Weg ein.

Sexsucht

Viele unserer Abhängigkeiten entstehen aus einem Missbrauch der guten und erfreulichen Dinge des Lebens. Das Problem taucht dann auf, wenn die ungestillten Bedürfnisse eines Menschen oder sein innerer Schmerz durch ein bestimmtes Verhalten gelindert werden. Die Tendenz, von einem solchen Verhalten abhängig zu werden, ist dann voll gegeben. Sex ist etwas Aufregendes und Wunderschönes. Er löst Spannungen und hat wahrscheinlich das größte Potenzial zur Abhängigkeit. Dr. Hart nennt drei Formen der sexuellen Abhängigkeit: Lust, romantische Liebe und Perversion.

Sexuelle Lust ist eine Versuchung, der die gesamte Menschheit ausgesetzt ist. Wir sind sexuelle Wesen und ohne Selbstdisziplin können wir sehr schnell unseren Instinkten Tür und Tor öffnen, und schon befinden wir uns im Bann der Abhängigkeit.

Martins Problem war die Pornografie. Er hatte eines Tages rein zufällig eine einschlägige Zeitschrift in die Hand genommen und diese machte ihn erschreckend stark an. Er war schon 25 Jahre verheiratet und sein Sexleben war nicht mehr so prickelnd und erregend wie früher. Er redete sich ein, dass ein Blick hie und da auf diese Bilder ja nicht schaden könnte und dass er damit ja auch niemanden verletzen würde. Schon bald ging er zu harten Pornos über und masturbierte beim Anschauen. Oft blühten in seinen Gedanken die Fantasien über die Bilder auf, die er gesehen hatte. Und immer noch redete er sich ein, kein bisschen abhängig zu sein. Erst als jemand dieses Thema auf einem Treffen offen ansprach, gestand er sich schließlich selbst ein, dass er ein Problem hatte. Ganz langsam fing er an, mit dem unheilvollen Teufelskreis und den ungesunden Gewohnheiten zu brechen.

Vielleicht neigen Frauen – im Gegensatz zu Männern – eher dazu, von der romantischen Liebe abhängig zu werden. Frauen lassen sich oft von kitschigen Filmen gefangen nehmen und brauchen ihre tägliche Dosis an Romantik. Das erscheint zwar als eine harmlose Form der Sucht ... aber nur bis man damit aufhören will.

Eine junge Frau aus meinem Bekanntenkreis sehnte sich nach der aufregenden, romantischen Liebe. Sie war verheiratet, doch immer wieder verstrickte sie sich in leidenschaftliche außereheliche Affären. Sie brauchte einfach den Kick, die verbotene Frucht zu schmecken. Aber am allermeisten lebte sie von der Bewunderung und Verehrung ihres jeweiligen Liebhabers – etwas, von dem ihr Mann ihr wohl nicht genug gab. Schließlich ging durch ihre dauernde Untreue ihre Ehe in die Brüche und die Familie brach auseinander.

Sexuelle Perversionen können schockierend und Ekel erregend sein. Unser Sextrieb wird durch unsere Gedankenwelt kontrolliert. Das heißt, dass wir den normalen hormonell bestimmten Sextrieb nehmen und ihm durch unsere Fantasien, Gedanken und Vorlieben noch zusätzliche Kraft verleihen können. Je mehr wir den Sexdrang also in diesem Sinne »nähren«, desto zwanghafter kann er werden. Durch Tagträume und Fantasien können wir visuelle Objekte in sexuelle Objekte verwandeln. Gerade diese Art der »Symbolisierung« bestimmter Körperteile ist der Anfang des fetischistischen Phänomens, das man bei den meisten Perversionen beobachten kann.[19]

Eine Abhängigkeit von einem Fetisch (zum Beispiel Latexwäsche oder Stöckelschuhe) oder von der Masturbation zusammen mit einer leidenschaftlichen Lust auf Pornografie ist ein krankhafter Weg, der Langeweile und anderen Problemen zu entfliehen. Wenn man nicht verheiratet ist, wird jedoch niemand als man selbst dadurch geschädigt. Sexuelle Perversionen können andererseits aber auch sehr gefährlich sein. Zum Beispiel kann es zu einer handfesten Sucht danach kommen, beim Geschlechtsverkehr dem anderen Schmerzen zuzufügen oder sich selbst

Schmerzen zufügen zu lassen. Das Bedürfnis danach wächst immer mehr und kann nur durch noch mehr Schmerzen gestillt werden. Das kann schließlich sogar lebensbedrohlich werden!

Es gibt viele anscheinend harmlose Süchte, die hier noch genannt werden könnten. Die Fress- oder Süßigkeitensucht, die Alkohol- oder Arbeitssucht oder die Sucht, zu lesen, Sport zu treiben, im Internet zu surfen oder fernzusehen. Ganz gewöhnliche Dinge können zu Süchten werden und uns in unguter Weise dominieren, wenn sie dazu benutzt werden, Problemen zu entfliehen oder unsere Langeweile und Einsamkeit erträglicher zu machen.

Eine Sucht, über die nicht viel gesprochen wird, ist die Sucht nach dem nächsten Adrenalinkick.

Die Adrenalinsucht

Für Dr. Hart ist »Aktivismus« die größte Abhängigkeit, das größte Problem. Er schreibt, dass hinter jeder größeren Sucht ein zwanghafter Drang steht, sich gut zu fühlen und körperliche oder seelische Schmerzen zu vermeiden. Und eine der häufigsten Arten, wie wir dieses Ziel gesteigerten Wohlbefindens zu erreichen suchen, ist die Erzeugung einer körpereigenen stimulierenden Substanz – des Adrenalins.[20]

Rosie ist eine unverheiratete Frau, die nicht gern allein ist. Wenn sie gerade nichts zu tun hat, beschleicht sie leicht ein Gefühl der Unzufriedenheit. Mit den Jahren hat sie allmählich einen Lebensstil entwickelt, mit dem sie sich ständig auf Trab hält. Sie füllt ihre Tage mit einer Aktivität nach der anderen aus, hetzt von einem Termin zum nächsten und kommt für gewöhnlich zu spät. Sie strapaziert ihre Nerven, als ob sie ständig zwischen Leben und Tod stehen würde.

Dadurch, dass sie praktisch immer im Ausnahmezustand lebt, wird dauernd Adrenalin in ihrem Körper ausgeschüttet. Folglich ist ihre Verdauung durcheinander und sie hat starkes Herzklopfen. Wenn sie aus irgendeinem Grund gezwungen ist, mit ihrem selbst gemachten Stress aufzuhören, leidet sie unter einer »postadrenalinen Depression«.

Diese Adrenalin-Kick-Abhängigkeit wird in einem Zeitalter der Rave-Konzerte und Horrorfilme unter der Jugend immer populärer. Als ich kürzlich in der Videothek einen Film ausleihen wollte, nahm ich die Hilfe eines jungen Mannes im Laden in Anspruch. Ich bat ihn, mir einen lustigen Film oder etwas Seichtes zu empfehlen, aber da winkte er nur ab und meinte, er könne mir da nicht weiterhelfen, weil er sich nur Horrorfilme ansehe.

Natürlich können auch Christen in der Gefahr dieser besonderen Abhängigkeit stehen. Die Nöte der Menschen können einen rund um die Uhr auf Trab halten und die Einsatzmöglichkeiten sind schier unbegrenzt. Es ist aufregend und schön, wenn man die Gegenwart Gottes im eigenen Leben erfahren und in anderen Menschen am Werk sehen kann. Im gewissen Sinne ist es auch richtig, dass wir davon begeistert sind, anderen das Wesen Gottes nahe zu bringen. Jesus tat das ebenfalls, aber er wusste auch, wann er Stille brauchte und sich zurückziehen musste, was wir oftmals nicht wissen.

Viele aufopferungsvolle Christen, die mit ungelösten inneren Fragen und Problemen zu kämpfen haben, sind Kandidaten für eine Adrenalin- und Arbeitssucht.

Bei diesen Abhängigkeiten gibt es eine gemeinsame Emotion, die allen zu Grunde liegt: die Angst. Es ist in erster Linie die Angst davor, dass sich vergangene schmerzvolle Erfahrungen wiederholen könnten. Sie kann so dominierend sein, dass sie einen ständigen Strom an angstvollen Gefühlen verursacht. Diese werden dann mit fast allem in Verbindung gebracht und die betreffende Person wird zu einem neurotischen Pessimisten.

Die Sorgensucht

Jemand hat einmal gesagt, dass Sorgen eine Spirale nutzloser Gedanken seien, die einen Pfeiler der Angst umwickeln und stützen. Statt dass der Betreffende sich seiner Grundangst zuwendet, wird der beständige Strom an Angstgefühlen auf alles Mögliche gerichtet, was gerade anliegt, seien es die Finanzen, die Familie oder etwas so Banales wie die Farbe, in der die Küche gestrichen werden soll.

Unter diesem Problem leiden nicht nur Frauen, wie mancher vielleicht denken mag. Männer können genauso vom Sorgengeist betroffen sein. Ein intelligenter junger Mann gestand mir einmal, dass es für ihn eine Qual wäre, auch nur die einfachsten Entscheidungen zu treffen. Er sagte, dass er sich schon Wochen vor der kleinsten Veränderung in seinem Leben die größten Gedanken und Sorgen machen würde – aus Angst, einen Fehler zu begehen. Schließlich würde er Verwandte oder Freunde anrufen, um sich Rat zu holen, aber dann würde er sich doch noch Sorgen darüber machen, dass sie vielleicht die Situation verkannt hätten. Er käme sich völlig kopflos dabei vor, wenn seine Gedanken so wild von einem Problem zum nächsten sprängen.

Dieses Schema setzte sich bei ihm über viele Jahre hinweg fort, bis ihm geholfen wurde, seinen eigentlichen Grundängsten zu begegnen. Durch Defizite in seiner Kindheit begründet hatte er furchtbare Angst davor, grausam bestraft zu werden, wenn er einen Fehler machte.

Meine Mutter war ein »Sorgengeist«. Sie lag oft die ganze Nacht wach und vergeudete ihre Zeit und Energie damit, sich Sorgen um die Familie zu machen, was jedoch nichts an den tatsächlichen Problemen änderte, sondern sie nur auslaugte und ihren Blutdruck in die Höhe schnellen ließ. Für »Sorgensüchtige« ist die Nacht die beste Zeit, um ihre Maulwurfshügel in Berge zu verwandeln.

Es gab eine Zeit, da hatte ich den Eindruck, als sei ich

dazu verurteilt, in ihre Fußstapfen zu treten. Als unsere Kinder noch klein waren, lebten wir in Südamerika – einem Kontinent voller Unruhen. Wir erlebten Erdbeben mit, Flutkatastrophen, Waldbrände und sogar eine Revolution. Unsere ganze Familie erkrankte an Hepatitis, Scharlach, Durchfall und Übelkeit und die Kinder machten die üblichen Kinderkrankheiten durch.

Auf dem Höhepunkt all dieser aufreibenden Ereignisse fing ich an, nachts mit einem Gefühl drohenden Unheils aufzuwachen. Und dann wurde mir eines Tages in einer Besprechung schwindlig und ich fiel in Ohnmacht. Allmählich verlagerte sich meine Angst auf Menschenmengen. Ich erlitt regelrechte Panikattacken in Gegenwart von mehr als ein paar wenigen Menschen.

Dieser Zustand hielt einige Monate lang an. Ich schämte mich so für meine Schwachheit, dass ich meinem Mann das Versprechen abnahm, niemandem davon zu erzählen. Aber Gott griff ein und meine Angstzustände wurden von einer Freundin bemerkt, die Krankenschwester war. Sie nahm die Sache in die Hand und mit Hilfe eines Arztes legte sich meine Angst. Sie verschwand jedoch nicht völlig, bis ich erkannte, dass ich mich mit der Furcht vor Menschen in Wirklichkeit einer realen, aber noch beängstigenderen Furcht entzog, nämlich einer schlimmen Verlustangst.

Diese Art von Angstsyndrom, das von einem Besitz ergreift, ist oft die schmerzliche Folge unerkannter und ungelöster innerer Furcht. Der Betroffene fixiert seine Angst auf eine bestimmte Tätigkeit oder ein bestimmtes Objekt und konzentriert sich ganz darauf.

Ein junges Mädchen beispielsweise machte ein bestimmtes Mineral, das so genannte Vermiculit, zum Gegenstand ihrer Angst. Jemand hatte ihr gesagt, dass es Krebs auslösen könnte, und von da an hatte sie panische Angst, damit in Berührung zu kommen. Alle möglichen Stoffe und Mittel konnten dieses Mineral möglicherweise enthalten.

Wenn sie glaubte, sie wäre unwissentlich damit in Kontakt gekommen, fing sie an, ihre Hände unzählige Male zu waschen. Dazu kam noch die Angst, sie könnte versehentlich ihre Kleider oder Haushaltsgegenstände verseucht haben. So fing sie an, ununterbrochen wie eine Besessene sämtliche Kleidungsstücke zu waschen und alle Oberflächen abzuwaschen. Allmählich wurde ihr Leben von einer einzigen Wasch- und Putzorgie bestimmt. Sie hatte keine Zeit, keine Energie, keine Kleidung, keine Hobbys mehr – alles war schlichtweg von ihrer irrationalen Furcht, sich anstecken zu können, beherrscht. Der Strom angstvoller Gedanken füllte sie völlig aus und versperrte ihr den Blick auf ihre Grundangst.

Man möchte nicht meinen, dass die Ursache, die dem übertriebenen Händewaschen bei einem Waschzwang zu Grunde liegt, extreme Schuldgefühle sind. Sie waren es jedenfalls für Shakespeares »Lady Macbeth« und vielleicht auch für andere, aber genauso gut könnte es auch etwas anderes sein, wie die Furcht vor dem Verlassenwerden oder dem Tod.

Ein Jugendlicher ertappte sich zum Beispiel dabei, dass er eine sehr starke Angst vor Messern entwickelte. Er hatte Angst, dass er eines Tages eines in die Hand nehmen und jemandem damit Schaden zufügen würde. Er war gerade in einer Phase, in der seine Zukunft von den Prüfungen abhing, die er vor sich hatte. Obwohl er sehr clever war, hatte er eine starke Prüfungsangst entwickelt. Während er für seine Abschlussprüfung lernte, wurde die Angst vor Messern immer konkreter. Und diese Angst rief eine weitere hervor, die Angst, dass er einfach durchdrehen könnte, und allmählich geriet sein Leben aus den Fugen.

Glücklicherweise suchte er Rat und mit Hilfe eines Seelsorgers konnte er der eigentlichen Grundangst ins Auge blicken – seiner Angst, zu versagen. Diese Angst lag in Kindheitserfahrungen begründet, die er schon vor langer Zeit verdrängt hatte. Sobald er sich seine Grundangst eingestanden hatte, verloren die zwanghaften Vorstellungen zusehends ihre Macht über ihn.

Als Jesus das Gleichnis vom Sämann erzählte, sprach er davon, dass der gute Samen des Reichs Gottes durch die Sorge der Welt erstickt werden könnte (Matthäus 13,22). Sorgen ersticken einen Menschen buchstäblich. Die Sorge übt einen Würgegriff aus und der Betroffene wird seines wirklichen Lebens beraubt. Aber allzu oft sind die Sorgen auch nur ein Ablenkungsmanöver, um nicht der eigentlichen Grundangst ins Auge blicken zu müssen, die unbewusst als zu erschreckend eingestuft wird.

Das sind allerdings nur einige der offensichtlichsten Mechanismen, die von ganz normalen Leuten dazu eingesetzt werden, den Schmerz, den die Unsicherheit erzeugt, zu minimieren. Viele von uns wissen, dass ihr Leben nicht in Ordnung ist. Wir wissen, dass unsere Art, anderen zu begegnen, oft wenig hilfreich oder sogar schlichtweg falsch ist. Wir kämpfen gegen Schwierigkeiten an und wählen doch oft einen Lebensstil, der es uns eher ermöglicht, den Problemen aus dem Weg zu gehen, als ihnen ins Auge zu sehen.

Auch wenn diese Strategien schon so lange ihren Platz in unserem Leben haben, dass wir uns kaum noch vorstellen können, wie das Leben ohne sie aussehen könnte, müssen wir endlich an einem Punkt damit anfangen, »den neuen Menschen anzuziehen, der nach Gott geschaffen ist in wahrer Gerechtigkeit und Heiligkeit« (Epheser 4,24).

In den folgenden Kapiteln wird es noch darum gehen, wie dies bewerkstelligt werden kann. Aber neben der Unsicherheit gibt es noch weitere Probleme, mit denen man sich auseinander setzen muss. Ein schwaches Selbstwertgefühl ist genauso schmerzlich und es werden genauso viele Strategien entwickelt, um damit fertig zu werden.

Kapitel 6

Überwindung von Minderwertigkeitsgefühlen

Wir leiden alle mehr oder weniger an einer weit verbreiteten Neurose – der Angst vor der Bloßstellung. Schon bei Adam und Eva ist das zu sehen. Sie gehorchten Gott nicht – und »da gingen den beiden die Augen auf und sie merkten, daß sie nackt waren. Deshalb flochten sie Feigenblätter zusammen und machten sich Lendenschurze« (1. Mose 3,7). Als sie dann hörten, wie Gott im Garten umher ging, versteckten sie sich unter den Bäumen (Vers 8).

Zum ersten Mal in seinem ganzen Leben empfand Adam so etwas wie Scham. Seine erste Taktik bestand darin, seine Scham zu verdecken, seine zweite darin, andere für seine Misere verantwortlich zu machen: »Die Frau, die du mir zur Seite gestellt hast, gab mir davon; da habe ich gegessen« (1. Mose 3,12).

Der moderne, zivilisierte Mensch hat auch heute noch mit diesem Vermächtnis der Scham zu kämpfen, mit dem Impuls, sich zu verstecken. Beim geringsten Anzeichen einer Bloßstellung hält er nach Möglichkeiten Ausschau, sich zu schützen.

Neben diesem allgegenwärtigen Gefühl der Scham und Angst vor der Enthüllung und Bloßstellung, die wir alle immer wieder erleben, machen einige aber auch noch die beängstigende Erfahrung schmerzlicher Kindheitserlebnisse. Roger, der junge Mann, den ich eingangs erwähnt habe, ist ein klassisches Beispiel dafür. Er wurde während des größten Teils seiner Kindheit vernachlässigt und verbal misshandelt, und so lebte er ständig in der Angst, gedemütigt zu werden. Er machte immer die tollsten Anstalten, um nur ja jede mögliche Gefahr zu vermeiden, sein Gesicht zu verlieren. Solche Leute haben eine so geringe Meinung von sich selbst, dass ihr Leben sich ständig darum dreht, jede mögliche Bloßstellung zu umgehen.

»Tatsache ist, dass auf einer sehr tiefen, existenziellen Stufe jeder Mensch mit Scham zu kämpfen hat. Unsere Furcht vor dem Nackt- und Bloßsein berührt das wahre Zentrum unserer Existenz. Wir können der Scham nicht entfliehen. Wir können versuchen, sie von uns zu schieben, sie aus unserem Bewusstsein zu verdrängen und uns sogar unserer Scham zu schämen, aber diese ›psychologischen Kleider‹ verdecken nie die Unzulänglichkeiten unseres Selbst.«[1]

Diese »psychologischen Kleider« sind die verschiedenen Bewältigungsstrategien, die jemand mit einem niedrigen Selbstwertgefühl anwendet, um sich selbst vor dem Bloßgestelltwerden, vor der Blamage, zu schützen. Eine solche erste Strategie haben wir alle schon zuweilen zum Schutz unserer eigenen Person eingesetzt. Diese Taktik ermöglicht uns, uns vor der Demütigung zu drücken, falsch zu liegen, uns entschuldigen zu müssen oder als dumm dazustehen. Leuten, die nicht zu ihren Fehlern und Fehlschlägen stehen können, wird gewöhnlich Stolz vorgeworfen. Und wirklich ist Stolz nur ein weiterer Schutzmechanismus gegen die furchtbare Demütigung, die eine Niederlage mit sich bringt.

Der Stolze

Meist sitze ich Sonntagsmorgens mit einem meiner Enkel auf dem Schoß im Gottesdienst. Meine Enkel haben alle schon einmal den Versuch unternommen, sich aus meinem Griff herauszuwinden, um auf ihren Großvater zuzusteuern, der vorne den Gottesdienst leitet. Diese kleinen wendigen Persönchen sind ganz schön clever, wenn es darum geht, den Armen ihrer Großmutter zu entwischen.

Menschen, die Angst davor haben, zu ihren Niederlagen und Fehlern zu stehen, können genauso schlüpfrig und gewandt sein. Sie winden sich hin und her, bis sie sich außer Reichweite der gefürchteten Kritik oder Korrektur befinden. Wenn wir uns zurückerinnern, kommen wahrscheinlich jedem von uns Gelegenheiten in den Sinn, bei denen wir uns vor der Verantwortung für unser Tun davongeschlichen haben und nicht dumm dastehen wollten.

Während einer Fragestunde bei einer Konferenz stellte mir ein älterer Herr einmal folgende Frage: »Wie würden Sie einem Psychopathen helfen?«

Wie aus der Pistole geschossen fing ich an, meine Antwort, die ich in einem Buch gelesen hatte, abzuspulen. Als ich halbwegs mit meinem »Geschwafel« durch war, merkte ich, dass das, was ich da tat, völlig unnötig und unsinnig war. Ich hatte nämlich noch nie einen Psychopathen seelsorgerlich begleitet und konnte also gar keine adäquate Antwort auf diese Frage geben. So hielt ich in meinem Redefluss inne, entschuldigte mich und beantwortete die Frage wahrheitsgemäß, das heißt, ich gestand ein, dass ich es eigentlich gar nicht wusste.

Jemandem mit einem äußerst geringen Selbstwertgefühl fiele eine solche Antwort sicherlich sehr schwer. Für eine solche Person wäre »nicht wissen« gleichzusetzen mit »nichts wert sein«. Deshalb muss sie, um ihr zerbrechliches Selbstwertgefühl aufrechtzuerhalten, immer im rechten Licht erscheinen und immer Recht behalten.

Die Worte »Das weiß ich leider nicht« mögen einem vielleicht schwer über die Lippen kommen, aber noch schwerer sind: »Ich habe mich geirrt« und »Tut mir Leid«.

Bei uns zu Hause kommt es oft vor, dass mein Mann David etwas nicht findet. Das kann beispielsweise das

Aspirin sein, das in einer Schublade in der Küche aufbewahrt wird. Eine typische Szene, wie sie bei uns vorkommen könnte, wäre zum Beispiel diese:

Ich bin oben in meinem Arbeitszimmer und David ruft mir von unten her zu: »Schatz, wo sind denn die Aspirin?« Ich fühle mich dann sofort genervt, weil sie doch immer am gleichen Platz liegen, und ich denke, dass er das doch allmählich wissen müsste. Und so fällt meine Antwort dann eher barsch aus: »Sie liegen in der Schublade, wo sie immer liegen.« Dann ist für eine Weile Ruhe. Und dann ertönt wieder die gleiche Stimme: »Ich kann sie nicht finden.« Nun bin ich aber wirklich ärgerlich und ich rufe zurück: »Stell dich doch nicht so an! Schau mal unter den Handtüchern nach!« Wieder Sendepause. Und wieder ertönt Davids Stimme: »Schatz, ich kann sie einfach nicht finden.«

In diesem Stadium ertönt dann meinerseits ein Seufzer und ich erhebe mich wohl oder übel von meinem Schreibtisch – und frage mich, mit was für einem Idioten ich da verheiratet bin. Ich mache mich auf und bin schon halb die Treppe unten, als mir plötzlich einfällt, dass ich die letzte Aspirin ja gestern aufgebraucht habe. Ich wollte eigentlich noch welche kaufen, hatte es aber vergessen. Und da merke ich, wie mir die Schamröte ins Gesicht steigt und ich mir eingestehen muss, dass der Idiot in diesem Fall wohl nicht David war.

Als Nächstes versuche ich dann, mich aus der Affäre zu ziehen. Das ist eine ganz automatische Reaktion, wie ein Reflex sozusagen. Ich zerbreche mir den Kopf darüber, wie ich nicht als die Dumme dastehen und mich entschuldigen muss. Für gewöhnlich kommt es dann zu einem kurzen inneren Kampf beziehungsweise Zwiespalt. Ein Teil von mir behauptet, dass David ja sowieso nie irgendwas finden kann. Warum hat er nicht einfach in meiner Handtasche nachgesehen? Er sollte doch inzwischen wissen, dass ich immer Aspirin in der Tasche habe. Dieser Teil von mir möchte am liebsten in die Küche stürmen und ihm alle Schuld zuweisen.

Meine bisherigen Erfahrungen sollten mich jedoch eines Besseren belehrt und mir gezeigt haben, dass eine solche Reaktion nur den bekannten Schneeballeffekt hervorruft, der in so vielen Familien vorkommt. Ich beschuldige ihn, und er beschuldigt dann wiederum mich und so weiter und so fort. Ein anderer Teil von mir weiß aber, dass es das Beste ist, einfach zuzugeben, dass ich im Unrecht bin, und um Verzeihung zu bitten.

Es kommt wahrscheinlich auch etwas auf meine Tagesform und Stimmung an. Je nachdem wird mein Selbstschutzbedürfnis mal stärker oder schwächer sein. Wenn ich entspannt bin und alles in bester Ordnung ist, kann ich mich meist selbst ermahnen und mich darauf besinnen, dass es mich nicht weniger wertvoll macht, einen Fehler einzugestehen – im Gegenteil!

Ein niedriges Selbstwertgefühl macht einen Menschen blind. Er kann sich dann keinen anderen Weg aus seiner misslichen Lage vorstellen, als ein Ausweichmanöver zu starten und jemand anderem die Schuld in die Schuhe zu schieben. Die trügerische Botschaft, die dieser Person in den Ohren klingt, ist die, dass ihr Versagen sie wertlos machen könnte.

Neben diesem Bedürfnis, der Bloßstellung ausweichen zu müssen, kann jemand mit einem geringen Selbstwertgefühl auch eine ganz andere Richtung einschlagen, die ihn vielmehr als eine Person erscheinen lässt, die bewundernswert und sogar beneidenswert ist.

Der Karrierist

Vor ein paar Jahren verbrachte ich eine Woche in der Gesellschaft eines älteren Herrn. Wir waren uns noch nie zuvor begegnet, aber er hatte sich mir freundlicherweise als Gastgeber angeboten. Seine Bewirtung war vorzüglich und ich wurde nach Strich und Faden verwöhnt, und das Ganze wäre auch erfreulich gewesen – wäre da nicht diese dumme Angewohnheit meines Gastgebers gewesen, fürchterlich zu prahlen und mit allem anzugeben. Ich hörte mir an, wie viele Direktionsposten er schon innegehabt, wie viele Firmen er schon gegründet, wie viel Geld er bereits verdient, wie viele Häuser er besessen, wie viele Original-Kunstwerke er bereits erworben hatte – und so weiter und so fort ...

Nach vier Tagen unter diesem Bombardement an Erfolgsmeldungen riss mir so langsam der Geduldsfaden. Ich fing an, meinem Gastgeber gegenüber recht ausweichend zu sein, bis er mir eines Nachmittags bei einer Tasse Tee seine Geschichte erzählte.

Sein Vater hatte seine Mutter sitzen lassen, als er noch sehr klein gewesen war. Die Familie stand fast mittellos da und hatte es sehr schwer, über die Runden zu kommen. Er schämte sich, weil er ohne die nötigen Schreibutensilien zur Schule gehen musste. Beim Erzählen versagte seine Stimme und Tränen traten in seine Augen. »Ich habe mir damals geschworen, dass ich eine solche Zeit nicht noch einmal durchleben würde«, berichtete er mir. Er hatte sein Versprechen sicher erfüllt, auch wenn er dafür mit seiner Gesundheit und seinen Beziehungen einen hohen Preis bezahlen musste.

Für Menschen wie ihn ist der Erfolg wichtiger als die Liebe und die Arbeit wichtiger als Beziehungen. Sie sehen in anderen nur ein Mittel zum Zweck – wobei der Zweck Erfolg heißt.

»Wer nicht zu ihrem Erfolg und Beifall beiträgt, stellt

eine unannehmbare Bedrohung für ihr Selbstwertgefühl dar. Diese Menschen können sehr gesellig sein und eine Menge ›Freunde‹ haben. Der Zweck dieser Beziehungen besteht aber nicht darin, andere zu ermutigen und zu lieben; vielmehr geht es darum, die anderen so zu manipulieren, dass sie zum eigenen Erfolg beitragen. Das mag hart klingen, aber Menschen, die erfolggetrieben sind, machen praktisch von allem und jedem Gebrauch, um diesem Bedürfnis zu begegnen.«[2]

Unsere westliche Kultur fördert das Konkurrenzdenken noch. Der erfolgshungrige junge Mensch wird in der leistungsorientierten Geschäftswelt mit Kusshand empfangen. Das große Geschäft ist allerdings nicht nur der einzige Bereich, der für den Karrieresüchtigen von Interesse ist. Wenn ein solcher Mensch Christ ist, kann die Kirche genauso gut ein solches Forum für seinen Erfolgsdrang sein. Dieser steht dann immer noch im Mittelpunkt seines Interesses. Der Erfolg eines Geistlichen wird jedoch noch einmal anders gewertet. Der Unterschied liegt dabei in der Sichtweise und Interpretation von »Erfolg« und dem Weg, der unterwegs beschritten wird.

Für einen Geistlichen wird Erfolg vielleicht nicht am Geld gemessen oder an der Popularität. Sein erklärtes Ziel mag vielleicht ein hohes Amt sein und sein ganzes Tun und Streben wird sich vielleicht auf dieses eine Ziel ausrichten. Andererseits kann er aber auch seinen Erfolg an den Mitgliederzahlen oder an seinem Bekanntheitsgrad messen. Es kann sogar so weit kommen, dass zum Beispiel ein Pastor so in seinen Mitgliederzahlen aufgeht, dass er ganz vergisst, dass Zahlen im Himmel nur sehr wenig Eindruck schinden, wo mehr über einen Sünder gejubelt wird, der Buße tut, als über neunundneunzig Gerechte, die es nicht nötig haben umzukehren.

Vor einigen Jahren wurde ich gebeten, eine Konferenz in Übersee zu leiten. Nach einer langen und beschwerlichen Reise mussten wir schließlich feststellen, dass die Organisation, die uns eingeladen hatte, im Chaos versunken war und im allgemeinen Tumult den Konferenzplan nicht einhalten konnte. Und so hatten wir dann nur etwa vierzehn Leute, die sich zur Tagung angemeldet hatten.

Das wurde mir bei meiner Ankunft mitgeteilt und ich erinnere mich noch gut daran, wie mich zuerst ein deprimiertes Gefühl und dann die nackte Wut beschlich. Ich reise nicht gern und diese Anreise hatte sich besonders schwierig gestaltet. Es erschien mir wie eine ungeheure Zeitverschwendung, von so weit her gekommen zu sein, nur um vor ein paar Gestalten zu sprechen. Zudem ärgerte ich mich über die stümperhafte Organisation. Aber was mich am meisten traf, war das Gefühl des Versagens, das sich so langsam in mir breit machte.

Eine Freundin von mir sagt oft zu mir: »Gott verletzt den Verstand, um ins Herz zu sehen.« Nun, ich fühlte mich verletzt, und ich sah jetzt in mein Herz, meine inneren Gefühle. Unbewusst hatte ich mich von dem Gedanken vereinnahmen lassen, dass mein Wert von meinem Erfolg abhing. Der logische Schluss daraus war dann: »Große Besucherzahl = Erfolg.« Ich schämte mich dafür und bat Gott von Herzen, mir zu vergeben und mein Denken in seinem Sinne zu verändern. Das war ein heilsames Erlebnis und im Rückblick bin ich Gott dankbar dafür, dass er es zugelassen hat. Und noch dankbarer bin ich, dass Gott aus der Situation das Beste gemacht hat. Die vierzehn Konferenzteilnehmer waren herzerfrischend und wir verbrachten eine großartige Zeit zusammen.

Der Karrierist ist nicht nur arbeitswütig und erfolgsbesessen, er kann auch von dem Bedürfnis geleitet sein, es jedem immer recht machen zu müssen.

Der Perfektionist

Manche Menschen haben bei allem, was sie tun, einen Hang zum Perfektionismus. Jeder Fehler, jedes Versagen stellt für sie eine Bedrohung ihres Selbstwertgefühls dar. Ihr Blick für das Detail und ihre äußerste Sorgfalt lassen sie zumeist extrem viel Zeit für eine Aufgabe verschwenden. Selbst wenn diese abgeschlossen ist und für den unbedarften Laien geradezu perfekt erscheint, kann ein winziger Fehler im Detail den Perfektionisten dazu veranlassen, das Ganze über den Haufen zu werfen und noch einmal von vorn anzufangen.

Andererseits kommt es auch vor, dass sich der Perfektionist ein einzelnes Gebiet aussucht, auf dem er absolut glänzen möchte. Das kann sein Äußeres sein, eine bestimmte Sportart oder die Haushaltsführung. »Perfektionisten erscheinen oft hoch motiviert, aber ihre Motivation rührt normalerweise aus dem verzweifelten Bemühen, alles zu vermeiden, was das Selbstwertgefühl beeinträchtigen könnte.«[3]

Mit Perfektionisten lässt sich nur schwer auskommen. Sie sind recht schwierige Menschen und machen es ihrer Familie nicht gerade leicht.

Eines Sonntagmorgens nach dem Gottesdienst ging ich gerade Richtung Ausgang, als ich einen jungen Mann bemerkte, der auf der Kirchenbank kauerte und einen ziemlich einsamen und verlassenen Eindruck machte. Es war Essenszeit und ich war schon auf dem Sprung, heimzugehen, aber ich brachte es nicht übers Herz, einfach an ihm vorbeizugehen. Also ging ich auf ihn zu und fragte ihn, was ihm fehle.

»Ich treibe mich und meine Familie noch in den Wahnsinn«, antwortete er. Ein Blick in seine Augen verriet, wie elend er sich fühlte. Er sah aus wie ein begossener Pudel, der sich am liebsten gleich davonstehlen und krepieren wollte. Ich setzte mich neben ihn und fragte ihn, was denn los sei. Er erzählte mir, dass er schon alle möglichen Konferenzen und Heilungsveranstaltungen abgeklappert hätte auf der Suche nach jemandem, der ihm helfen konnte. Er war ein ausgemachter Perfektionist und seine Frau wie auch seine Kollegen waren es leid, dass er so damit beschäftigt war, immer alles richtig zu machen.

»Warum tun Sie das denn überhaupt?«, fragte ich ihn. Er schüttelte den Kopf und meinte nur: »Das weiß ich eben nicht. So bin ich halt.«

Mir ging seine Resignation ziemlich nahe und so schlug ich schnell vor, dass wir gemeinsam beten könnten. Ich bat Gott einfach darum, ihm zu zeigen, warum er so besessen davon war, alles richtig zu machen. Dann saßen wir einige Minuten schweigend da und warteten.

Nach einer Weile fing er an zu weinen. Ich neigte meinen Kopf zu ihm, um zu hören, was er sagte. »Ich werde es ihm nie, niemals recht machen können«, seufzte er.

Als er sich später wieder gefangen hatte, erklärte er mir, dass man es seinem Vater so gut wie nie hatte recht machen können. »Selbst heute noch, wenn ich ihn zusammen mit meinen Kindern besuchen komme, stört ihn immer etwas. Nichts ist je gut genug für ihn. Ich glaube, mein ganzes Leben war ein einziger Versuch, es ihm recht zu machen.«

»Nun«, meinte ich, »ich denke, es ist wohl an der Zeit, dass Sie damit aufhören und stattdessen anfangen, sich zu freuen, dass wenigstens Ihr himmlischer Vater mit Ihnen zufrieden ist. Wenn Sie seine Wertschätzung haben, brauchen Sie die anderer Leute nicht. Oder?!«

Ich habe diesen jungen Mann nie wieder gesehen und mich oft gefragt, ob er sich und seine Familie immer noch um den Verstand bringt oder ob er sich dazu durchgerungen hat, Gottes Wertschätzung anzunehmen.

Die Gnadenkiller

»Wir sind von Killern umgeben«, schreibt Charles R. Swindoll.

»Sie töten Freiheit, Spontaneität und Kreativität; sie töten sowohl Enthusiasmus als auch Produktivität. Sie töten mit Worten, mit Kugelschreibern, mit Blicken. [...] Heute, jetzt, in diesem Augenblick, vegetieren Millionen von Menschen in Beschämung, Angst und Einschüchterung vor sich hin, statt ein freies, produktives Leben zu führen. [...] Sie sind Opfer; wie Gefangene in der Todeszelle fristen sie ihr Dasein, statt die Schönheit und die frische Luft eines erfüllten Lebens zu genießen, das Jesus uns vorgelebt und allen seinen Nachfolgern ermöglicht hat.«[4]

Solche »Gnadenkiller« sind Menschen, deren Unsicherheit und geringes Selbstwertgefühl sie in die Gesetzlichkeit getrieben hat. Das Problem dabei ist nur, dass die Gesetze, die sie sich selbst und anderen auferlegen, nichts, aber auch gar nichts mit Gott oder wahrem Christsein zu tun haben. Diese Gesetze sind nirgends in der Bibel zu finden. Sie sind von Menschen gemacht und nicht gottgegeben. Und doch geben strikte Regeln einem eine gewisse Sicherheit, und wenn man sie einhält, verleiht einem dies das Gefühl, wertvoll zu sein.

Da die Sicherheit und auch der Selbstwert eines Betroffenen davon abhängen, ob er seine selbst erstellten Regeln einhält, steht er manchmal in der Gefahr, für den Befehl Jesu blind zu sein, »einander zu lieben«.

»Zu viele Menschen fühlen sich abgestoßen von einem verdrehten Konzept des christlichen Glaubens. Anstatt anderen eine attraktive, ansteckende Einladung voller Hoffnung und Lebensfreude vorzuleben, bieten mehr Christen als je zuvor eine hässliche Karikatur einer Beziehung zu Gott, die eher ein ›Frommsein unter gehörigem Druck‹ widerspiegelt. Ich finde es tragisch, dass es den religiösen Miesmachern fast gelungen ist, dem Glauben seine befreiende Ausstrahlung zu nehmen. Es geht einfach nicht, dass wir die Annahme fördern, der christliche Glaube bestünde nur aus verächtlichem Stirnrunzeln, anklagenden Zeigefingern und unrealistischen Anforderungen. Die Schikane hat das Feld lange genug beherrscht. Lasst die Gnade erwachen.«[5]

In einem Abschnitt seines Buches »Zeit der Gnade« (Projektion J) wendet sich Charles Swindoll besonders an die Leiter der christlichen Gemeinden. So wie es für Kinder schädlich ist, wenn sie von einem gnadenlosen, gesetzlichen Elternteil kontrolliert werden, ist es auch schädlich, ja sogar zerstörerisch, wenn die Leiter in der Familie Gottes Gnadenkiller sind.

Familien brauchen Regeln, aber diese müssen in gewissem Maße flexibel sein, will man nicht jegliche Initiative und jegliches Wachstum im Keim ersticken. Das Leben als Teil des Leibes Christi sollte dem Leben in der Familie gleichen und nicht der Fließbandarbeit in einer Fabrik. In einem Betrieb ist es unbedingt notwendig, dass die Regeln eingehalten werden, sonst könnte das Endprodukt beschädigt oder die allgemeine Sicherheit gefährdet werden. Kinder hingegen und auch Erwachsene werden durch eine gesetzliche Umgebung aber in ihrer Entfaltung behindert.

Ich traf John auf einer Tagung. Er war einer der freiwilligen Helfer und fiel mir sofort durch seine gute, effiziente Arbeitsweise auf. Im Verlauf des Tages kam er mit einem Problem zu mir: Er konnte nicht so recht verstehen, warum er so viele Schwierigkeiten mit den anderen Mitarbeitern hatte. Sie waren offensichtlich nicht sehr erbaut von ihm und das machte ihm doch schwer zu schaffen. Er war der Ansicht, dass sein Arbeitstag besser verlaufen wäre, wenn sie sich an die Spielregeln gehalten hätten. Er zählte mir eine Reihe von Dingen auf, die schief gelaufen waren.

Was ihn am meisten gestört hatte, war die frühzeitige Ankunft zweier Tagungsteilnehmer. Einer der Ordner hatte sie in das Tagungsgebäude gelassen und ihnen sogar noch einen Kaffee serviert. John war so verärgert über diese offensichtliche Regelverletzung gewesen, dass er daraufhin alle Türen abschloss und verlauten ließ, dass niemand mehr vor der offiziellen Öffnungszeit hineingelassen werden sollte. Dass es draußen regnete und die Leute nass wurden, berührte ihn nicht.

Einige Leute beziehen ihr Selbstwertgefühl daher, dass sie sich an gewisse Regeln halten, andere daher, dass sie alles genau richtig machen, und wiederum andere daher, dass sie erfolgreich sind.

Für meinen Gastgeber war der Erfolg alleine nicht ausreichend. Er brauchte auch die Bewunderung anderer.

Der Pfau

Dieser herrliche Vogel stolziert herum und stellt – zur Bewunderung aller – sein schillerndes, betörendes Gefieder zu einem Rad auf. Das ist ein sehr schöner Anblick.

Der menschliche Pfau allerdings ist keine solche Augenweide. Die Zurschaustellung kann bei ihm entweder verbal erfolgen – wie im Falle meines prahlerischen Gastgebers – oder aber durch die äußere Aufmachung. Äußerlichkeiten können zum Beispiel bei aufgeputzten Filmstars oder sonnengebräunten Sportlern extrem herausgekehrt sein. Sie strotzen offensichtlich vor Erfolg und Perfektion und lassen alle anderen im Vergleich schäbig aussehen. Sie stehen über den Dingen und haben ein aufgeblasenes Ego.

Aber hinter der Fassade befindet sich für gewöhnlich ein Mensch, der sehr ängstlich und unsicher ist. Das Ziel der »Darbietung« ist dabei, Neid und Bewunderung von ihrem Publikum zu bekommen. Das Gefühl, zumindest zeitweise angehimmelt zu werden, überspielt das Gefühl der Unzulänglichkeit und die Versagensangst.

Das Bedürfnis, sich verbal zur Schau zu stellen, ist im Grunde das Gleiche. Ein Mensch, der ständig mit seinen Leistungen prahlt, hat es nötig, bewundert, gelobt, geachtet zu werden. Erst wenn er diese Anerkennung ständig bekommt, verliert sich bei ihm die Angst, wertlos zu sein.

Ich erinnere mich noch zu gut daran, wie ich vor vielen Jahren ziemlich verärgert über das Verhalten meines Nachbarn war, der sich penetrant mit seinen Erfolgen brüstete. Ich schämte mich geradezu für ihn und fragte mich, warum er das eigentlich tat. Später stellte ich fest, dass er der jüngere von zwei Brüdern war. Sein älterer Bruder war außergewöhnlich begabt und es gelang ihm einfach alles hervorragend, was er tat. Sein Vater war natürlich ungeheuer stolz auf diesen Sohn und übersah – was nur allzu menschlich ist – seinen jüngeren Sohn, der bei den meisten Sachen nur mittelmäßig abschnitt. Ich konnte mir recht gut vorstellen, wie sehr der jüngere Sohn sich nach der Bewunderung gesehnt haben musste, die immer nur seinem Bruder zuteil wurde. Um sein Geltungsbedürfnis zu befriedigen, verfiel er aus lauter Verzweiflung in die Gewohnheit, sich mit seinen ganz alltäglichen Erfolgen übermäßig zu brüsten.

Der Pfau ist ein ungewöhnlicher Vogel, der auf ganz natürliche Weise die Aufmerksamkeit auf sich lenkt. Wir Menschen müssen uns da oft schon etwas mehr einfallen lassen, um unserem geringen Selbstwert etwas Auftrieb zu geben. Es ist sicher gut, anerkannt zu werden, und wir alle brauchen Unterstützung und Ermutigung. Im richtigen Maß kann sowohl derjenige, der das Lob erhält, als auch der, der es ausspricht, Freude dabei empfinden.

Aber es gibt auch Leute, die vom Lob anderer regelrecht »abhängig« sind. Sie brauchen dauernd Ermutigung und Zuwendung, um ihr geringes Selbstwertgefühl aufzuwiegen. Wenn sie keine Bestätigung erhalten, stellen sich Entzugserscheinungen ein und sie beginnen, an sich selbst zu zweifeln. »Ich mache alles falsch. Ich bin ein Versager. Alle denken, ich sei ein hoffnungsloser Fall.« Und nur ein weiterer »Schuss« Lob kann ihren negativen Gedanken Erleichterung verschaffen.

Für Menschen, die im Rampenlicht stehen, ist es immer eine große Versuchung, süchtig nach Lob und Beifall zu werden. Sie brauchen noch mehr als wir alle die Fähigkeit, Lob zu empfangen und wieder loszulassen. Jemand hat diese Fähigkeit bei einem jungen Mann, der schon sehr früh zum Erfolg gekommen war, folgendermaßen beschrieben: »Die ganze Bewunderung lässt ihn scheinbar kalt. Er hat die Fähigkeit, sie loszulassen.« Dieser junge Mann hatte offensichtlich irgendwann einmal für sich beschlossen, sich nicht von ungesundem Essen zu ernähren. Vielleicht wusste er, dass nur die gesunde Nahrung seines himmlischen Vaters ihm helfen konnte, den richtigen Blickwinkel zu behalten.

Das Minderwertigkeitsgefühl kann jedoch bei manchen Menschen auch so stark ausgeprägt sein, dass sie gar nicht prahlen können. Stattdessen sehen sie sich gezwungen, die Unzulänglichkeiten, die sie an sich selbst feststellen, durch eine Rolle zu verstecken. Und so werden sie zu Menschen, die anderen krampfhaft zu gefallen versuchen.

Der Gefallsüchtige

Es gehört zum Leben dazu, dass es Menschen wie den Kaktus gibt, die andere durch ihre kratzbürstige Art und ihre spitzen Worte auf Distanz halten und sehr verletzen können. Sie zerstören jegliches Selbstwertgefühl, das der andere vielleicht gehabt haben mag. Wenn Sie das selbst auch so erlebt haben, dann wird Ihnen sicher sehr daran gelegen sein, dass sich ein solches Erlebnis nicht noch einmal wiederholt. Wenn Sie also die Rolle des gefälligen Menschenfreundes spielen, werden Sie mit Sicherheit jedes zukünftige Risiko ausschließen können.

Eine junge Frau erzählte einmal von einer Begebenheit, bei der sie als Siebenjährige von ihrem Lehrer in aller Öffentlichkeit gedemütigt wurde. Er hatte ihr eine Frage gestellt, auf die sie keine Antwort wusste. Daraufhin hatte er an ihr vor der ganzen Klasse ein Exempel statuiert, sie als abgrundtief dumm dargestellt und sich über sie lustig gemacht. Von da an zog sie sich immer mehr zurück. Sie beteiligte sich nur noch am Unterricht, wenn sie dazu aufgefordert wurde, und auch das nur dann, wenn es für sie nicht mit einem allzu großen Risiko verbunden war. Es war, als hätte sie sich selbst geschworen: »Ich werde mich nie wieder blamieren.« Sie wurde zu einem Menschen, der nie seine eigene Meinung preisgab und nur das sagte, was seiner Meinung nach von der jeweiligen Gruppe akzeptiert wurde. Meist schwieg sie einfach nur.

Vor kurzem erzählte ein junger Mann mir, dass er sein Leben lang versucht hatte, es allen recht zu machen und ihnen nach dem Mund zu reden. Er hatte Dinge getan, die er eigentlich gar nicht mochte und von denen er wusste, dass sie falsch waren, nur um so zu sein wie die anderen, von denen er akzeptiert sein wollte. Unsicherheit, Minderwertigkeitsgefühle und eine geringe Selbstachtung sind oft die drängendsten Probleme heranwachsender Jugendlicher. Viele lassen sich in dieser Zeit in Dinge verstricken, die sie eigentlich gar nicht wollen, nur um akzeptiert zu sein.

Im Arbeitsleben scheuen sich Gefallsüchtige vor einem Arbeitsplatz, bei dem sie Risiken eingehen müssen. Sie sind vorsichtig, wenn es um Beziehungen geht, und nehmen nur zu Menschen engeren Kontakt auf, die von Natur aus freundlich und wohlwollend sind. Sie haben das dringende Bedürfnis, anderen zu gefallen, und gehen nur selten das Risiko ein, bei Autoritätspersonen möglicherweise in Ungnade zu fallen.

Das Problem dabei ist, dass wirkliche Freiheit nun einmal die Notwendigkeit beinhaltet, gewisse Risiken auf sich zu nehmen. Nur, so betont Nancy Groom, erscheint dieser

Weg einem Gefallsüchtigen zunächst wie ein grauenhafter Abgrund.[6]

Das große Kapital des Chamäleons liegt in seiner Fähigkeit, die Tarnung als eine Form des Selbstschutzes einzusetzen. Wenn es sich auf einer Steinmauer niederlässt, nimmt es eine grau gesprenkelte Farbe an und wird so praktisch unsichtbar. Der gefallsüchtige Mensch verfügt über die gleiche Anpassungsfähigkeit. Doch wie das Chamäleon kann man auch bei ihm nicht sagen, ob er überhaupt eine eigene Farbe (=Persönlichkeit) hat und wenn ja, welche es ist.

Robert McGee weist in diesem Zusammenhang auf Folgendes hin: »Die Antwort unserer modernen Gesellschaft auf Ablehnung und Einsamkeit ist zum größten Teil unangemessen. Unsere Antwort richtet sich nach außen, das heißt, wir versuchen, die Gewohnheiten, Kleidung, Ideen und Verhaltensmuster einer bestimmten Gruppe zu kopieren, wir lassen es zu, dass die Meinung der Gruppe bestimmt, was richtig für uns ist.«[7]

Vielleicht wissen wir, dass die folgende Gleichung eine Lüge ist:

Persönlicher Wert =
Leistung + die Meinung anderer.[7]

Aber viele von uns leben so, als stimme diese Formel. Wir tragen eine Maske und bauen lebenslänglich an einem Trugbild – und das alles in dem Versuch, Anerkennung zu finden und geschätzt zu werden.

Für einige jedoch besteht das Ziel nicht darin, auf Akzeptanz zu stoßen. Es geht ihnen vielmehr um ein Versteckspiel. Es ist für sie unbedingt wichtig, dass sie ihre Scham hinter einer undurchschaubaren Fassade verbergen.

Der Clown

Der Clown überdeckt sein eigenes Gesicht mit einer bunten Maske. Er trägt weite Kleider, die seine Körperform verdecken. Seine riesengroßen Schuhe verbergen die Größe seiner Füße. Er hat viel Zeit damit zugebracht, ein ausgeklügeltes Bild zu entwerfen, hinter dem er sein wahres Ich verstecken kann.

Wenn Schamgefühle und Kritik ein Teil des kindlichen Alltagslebens sind, wird das Kind allmählich zu der Überzeugung kommen, dass etwas mit ihm nicht stimmt und dass es verachtenswert und verabscheuungswürdig sei. Es beschließt dann, dass es sich einen anderen Anschein geben muss – eine Fassade, die die Aufmerksamkeit von der wahren Person und der wirklichen Misere in seinem Inneren ablenkt. Das fröhliche äußere Erscheinungsbild widerspricht dabei ganz und gar der inneren Wahrheit dieses Menschen.

Eine Frau mittleren Alters erzählte mir einmal, dass sie mit vier Jahren ins Internat geschickt worden war. Auf meine Frage nach dem Warum antwortete sie mir, dass ihre Mutter keine Kinder gewollt hatte. Noch nicht einmal in den Ferien hatte sie nach Hause kommen dürfen. Ihre Mutter hatte es immer verstanden, eine Verwandte oder Freundin aufzutreiben, die das Mädchen dann zu sich nahm. Sie erzählte mir diese tragische Geschichte mit einem breiten Grinsen auf dem Gesicht. Ich konnte den Schmerz nur erahnen, der sich hinter ihrer Maske verbarg.

Frank hatte seinen Vater nie gekannt. Seine Mutter behielt ihn nur eine kurze Zeit, bis sie ihn in einem Waisenhaus abgab und er sie nie wieder sah. Niemand hätte vermutet, dass Frank so ein tragisches Schicksal hinter sich hatte, denn er war ein wirklich guter Schauspieler. Er konnte nach Belieben der Alleinunterhalter auf einer Party, der besorgte Seelsorger und das Arbeitstier sein. Aber am allerbesten konnte er den Clown geben und niemand konnte den Schmerz hinter seiner Maske erahnen. Er gestand mir einmal, dass er sich innerlich oft so leer vorkäme, als ob alles in ihm abgestorben sei.

Die Menschen spielen viele Rollen, um sich ihrer Gefühle der Unsicherheit und Wertlosigkeit zu erwehren. Auf den ersten Blick mögen manche dieser Spielchen harmlos erscheinen, aber bei näherer Betrachtung haben sie durchweg einen zerstörerischen Einfluss – entweder auf die betroffene Person oder auf deren Beziehungen. Kritik ist eine Waffe, die nach innen oder außen gerichtet sein kann.

Der Kritiker

Vergleichsdenken ist eine schlimme Sache. Trotzdem gibt es viele Menschen, die sich durch ihre ständigen Vergleiche mit anderen ein Eigentor schießen. Es ist eine traurige Tatsache, dass der Erfolg anderer sich oft bedrohlich auf das eigene Selbstwertgefühl auswirkt. Es ist, als ob sich ein Schatten über die eigenen Fähigkeiten und Errungenschaften legt, der diese im Vergleich gering und unbedeutend erscheinen lässt. Und eins der Mittel, die eingesetzt werden, um dieses beunruhigende Gefühl zu kompensieren, ist Kritik und Verachtung.

Die Kritik kann sich dabei nach innen gegen uns selbst richten oder nach außen gegen andere. »Die erste Möglichkeit, nämlich die Selbstverachtung, und die zweite Möglichkeit, die gegen andere gerichtete Verachtung, mögen zwar von ihrer Erscheinungsform her verschieden sein, sie sind jedoch von ihrer Funktion her recht ähnlich.« Verachtung ist eine Form der Verdammung, »ein Angriff gegen die wahrgenommene Ursache der Scham«[8].

Wenn wir uns zum Beispiel dabei ertappen, wie wir etwas Dummes anstellen, dann machen wir uns wahrscheinlich selbst nieder. Wir lassen dann eine Schimpftirade über uns ab und führen negative Selbstgespräche. »Du bist so ein Idiot. Du bist ja so doof. Warum hast du das bloß wieder getan?«

Einmal hielt ich einen Vortrag und zitierte eine Bibelstelle, die nicht in meinem Konzept stand. Ich stellte dabei aus Versehen den Bezug falsch her und merkte dies erst viel zu spät, als ich es nicht mehr berichtigen konnte. Sofort dachte ich, dass jeder im Raum nun wusste, was mir schon immer klar war – nämlich wie dumm ich doch war. Ich war über mich selbst enttäuscht und beschimpfte mich in Selbstgesprächen, weil ich dummerweise meine Unwissenheit gezeigt hatte.

Wenn jemand sehr beschämt wurde – vielleicht durch die Erfahrung sexuellen Missbrauchs –, kann die Verachtung, die er sich selbst und anderen gegenüber empfindet, geradezu niederschmetternd sein. Wenn Betroffene sich selbst betrachten, empfinden sie nur Ekel, so als seien sie der letzte Abschaum. Ihr Selbsthass ist so schmerzhaft, dass er nur durch eine selbst auferlegte Bestrafung besänftigt werden kann.

Bei einer Veranstaltung kam vor kurzem eine junge Frau auf mich zu. Ohne ein Wort zu sagen, krempelte sie den Ärmel ihrer Bluse hoch und zeigte mir die Verletzungen an ihrem Arm. Er war übersät mit alten und neuen Schnittwunden, die sie sich selbst zugefügt hatte.

Unsere Verachtung anderen gegenüber kann sich in einer feindseligen Ablehnung all derer äußern, die versuchen, sich uns zu nähern. Gelegentlich kann sie sich in einer öffentlichen Anprangerung eines anderen entladen, der eine besondere »Gefahr« für uns darzustellen scheint.

Die meisten von uns haben wahrscheinlich nicht die schmerzvolle Erfahrung sexuellen Missbrauchs erleben müssen. Und doch haben wir vielleicht nicht die Zuwendung und Bestätigung in der Kindheit erfahren, die wir gebraucht hätten, um uns ganz und gar sicher fühlen zu können. Wir leiden oft an Minderwertigkeitskomplexen und fühlen uns wenig attraktiv, geschweige denn liebenswert. Und so hoffen wir, dass unsere Unzulänglichkeiten nie von jemand anderem entdeckt werden, besonders nicht von denen, die wir mögen und bewundern.

Wir sind heute besonders anfällig für das Gefühl der Selbstverachtung. Da es so schmerzvoll ist, mit seiner eigenen Blöße konfrontiert zu werden, verteidigen wir uns sehr schnell selbst, indem wir eine andere Richtung einschlagen und zur Verachtung anderer übergehen. Wenn wir andere kritisieren, gelingt es uns, uns selbst besser zu fühlen. Wir lassen sie verbal zusammenschrumpfen und verringern damit unser eigenes Gefühl, unbedeutend und wertlos zu sein.

Einmal verbrachte ich den Tag mit einer Freundin, die Stunden damit zubrachte, die Frau des benachbarten Pfarrers in den höchsten Tönen zu loben. Nachdem ich mir unendlich lange angehört hatte, wie gut sie dieses und jenes bewältigte, begann ich bewusst nach etwas Negativem zu suchen, das ich über sie sagen konnte – nur um mein abbröckelndes Selbstbild aufzupolieren.

Wahrscheinlich ist der erste Schritt aus dieser negativen »Bewältigungsstrategie« das Eingeständnis unserer Überlebenstaktiken. Bevor wir auch nur eine Sache ändern wollen, müssen wir uns eingestehen, dass es sich überhaupt um einen Selbstschutzmechanismus handelt.

Aber einige Menschen haben solche Angst davor, in der Öffentlichkeit bloßgestellt zu werden, dass sie so etwas nie zugeben würden.

Der Unaufrichtige

Alison war übergewichtig, deprimiert und ihre Beziehung zu ihrem Mann war angespannt. Sie sagte, es würde sie zerreißen und sie wollte, dass ihre Seelsorgerin sie äußerlich wieder »zusammenflickte«, so als sei nie etwas geschehen: »Ich möchte besser aussehen. Ich möchte glücklich sein und ich möchte, dass mein Mann netter mit mir umgeht.«

Als ihre Seelsorgerin behutsam anklingen ließ, dass auch einige Änderungen von ihrer Seite her angesagt wären, wurde sie plötzlich übergeistlich. Sie sprach davon, wie Gott zu ihr gesprochen und ihr aufgetragen hatte, dass sie die Dinge tun sollte, die sie gerade tat. Einige davon waren wenig konstruktiv und dienten nur dazu, den Status quo aufrechtzuerhalten.

Einige Monate lang versuchte Alisons Seelsorgerin, ihre Mauer der Pseudo-Spiritualität zu durchbrechen. Aber Alison konnte sich auch nicht einen Moment lang eingestehen, dass sie an ihrer Misere mitschuldig war und dass sie einen Weg heraus finden musste. Ihre super-geistlichen Strategien hinderten ihre Seelsorgerin daran, ungute Verhaltensmuster zu entlarven. Ihre entsetzliche Angst vor der Bloßstellung wuchs noch, als ihre Seelsorgerin alles Mögliche daran setzte, um ihr zu helfen, ihre ungeistlichen Verteidigungsmechanismen abzulegen. Schließlich konnte sie es nicht mehr ertragen und brach die Seelsorge ab.

»Schutzmechanismen wie Leugnen, Rationalisieren und Intellektualisieren dienen dazu, den Informationsfluss vom und zum Ego-System zu stoppen. Sie schützen uns vor der großen Angst, die eine plötzliche Bloßstellung unseres unbewussten Selbst-Systems verursachen könnte.«[9]

Menschen wie Alison wollen zwar geheilt werden, aber ohne sich der Wahrheit aussetzen zu müssen, nach dem Motto: »Wasch mich, aber mach mich nicht nass.« Doch offen gestanden ist das leider so nicht möglich.

In seinem Buch »Der wunderbare Weg« bemerkt

Dr. Scott Peck, dass die Tendenz, Probleme und die damit verbundenen emotionalen Schmerzen zu vermeiden, der Hauptgrund für alle Geisteskrankheiten des Menschen ist. Er schreibt, dass die Realität ausgeklammert wird, wenn sie zu schmerzlich ist, und dass dieser Schmerz nur durch Disziplin zu bewältigen ist. Um zu einer solchen Disziplin zu gelangen, müssen wir uns ganz der Wahrheit verpflichtet fühlen. Peck schreibt weiter, dass Hingabe an die Wahrheit auch bedeutet, ein Leben in der Bereitschaft zu führen, immer wieder persönlich herausgefordert zu werden.[10]

Wenn die Offenheit für Herausforderungen und Umdenkprozesse wesentlich für die geistige Gesundheit ist, dann besteht die erste Herausforderung an Sie in der Frage: Kann ein Christ, der bereit ist, »täglich sein Kreuz auf sich zu nehmen und Christus nachzufolgen«, weiterhin an Überlebensstrategien festhalten, wie ich sie eben beschrieben habe?

Kapitel 7

Sind Überlebensstrategien für Christen eine Option?

Hält uns Gott wirklich für schuldig an unseren Selbstschutzmechanismen, die im Licht unserer schmerzlichen Erfahrungen doch ganz vernünftig und vertretbar erscheinen? Warum sollten wir uns dazu verpflichtet fühlen, unsere Maske fallen zu lassen, nach mehr Wahrhaftigkeit zu streben und uns der Liebe zu Gott und zu anderen Menschen zu öffnen? Wir sind verletzt worden und Gott hat es zugelassen.[1]

Sicherlich ist keiner für die Verletzungen verantwortlich, die er als Kind erlitten hat. Babys werden in unsere Welt hineingeboren als völlig abhängige Geschöpfe, die sozusagen der Gnade der Erwachsenen ausgeliefert sind. Wenn diese primären Bezugspersonen ihre Macht missbrauchen, kann das Kind in keiner Weise etwas dafür. Es ist schließlich nur ein Kind.

Wenn ein Kind durch einen »allmächtigen« Erwachsenen verletzt wird, kommt sofort ein Selbstschutzmechanismus ins Spiel. Je länger der Schmerz andauert, desto gewandter wird das Kind allmählich darin, sich selbst zu schützen und zu verteidigen. Da diese Taktiken jedoch aus der Verletztheit heraus entstanden, sind sie aller Wahrscheinlichkeit nach untauglich und haben schließlich eine selbstzerstörerische Wirkung. Auf jeden Fall ist die Gefahr wahrscheinlich längst vorüber, wenn die zerstörerische Wirkung beginnt, nämlich im Erwachsenenalter. Nun kann der junge Erwachsene zur Verantwortung gezogen werden – jedoch nicht für die ursprüngliche Verletzung, sondern dafür, dass er weiterhin einen Schutzmechanismus aufrechterhält, der nicht mehr notwendig ist und stark nach Unabhängigkeit und Rebellion »riecht«.

Erstens: Überlebensstrategien sind keine Option, denn für Christen sind Veränderungen lebenswichtig.

Überlebensstrategien sind von Natur aus eher etwas Statisches und verändern sich nicht, doch das Ziel des Lebens als Christ ist ständige Veränderung hin zum Positiven. Gott möchte, dass wir immer freiere, ehrlichere, echtere und stärkere Menschen werden. »Denn die er ausersehen hat, die hat er auch vorherbestimmt, daß sie gleich sein sollten dem Bild seines Sohnes, damit dieser der Erstgeborene sei unter vielen Brüdern« (Römer 8,29). Das ist Gottes faszinierender Plan für seine Kinder.

»Wer sagt, daß er in ihm bleibt, der soll auch leben, wie er gelebt hat« (1. Johannes 2,6). Es geht hier also nicht nur um einen schönen Traum, sondern auch um eine Aufgabe, eine Verpflichtung. In einem alten, starren Lebensmuster zu verharren widerspricht Gottes Plan. An seinem Reich ist nichts Statisches. Wir sollten immer im Wachsen und in Veränderung bleiben. Wenn sich jahrelang nichts in uns tut, stimmt etwas nicht!

»Wer mir folgen will, muß sich und seine Wünsche aufgeben, muß Tag für Tag sein Kreuz auf sich nehmen und auf meinem Weg hinter mir hergehen. Denn wer sein Leben retten will, wird es verlieren. Wer aber sein Leben um meinetwillen verliert, gerade der wird es retten. Was hat ein Mensch davon, wenn er die ganze Welt gewinnt, aber zuletzt sich selbst verliert oder sich doch schweren Schaden zufügt?«(Lukas 9,23-25).

Wenn man in den Tagen Jesu ein Kreuz trug, bedeutete das, dass man zum Tode verurteilt war. Unsere Aufgabe ist es, unsere Vorstellungen und Wünsche aufzugeben und uns ganz und gar darauf zu verlassen, dass Gott allein weiß, was das Beste für uns ist.

Manche Menschen haben sonderbare Vorstellungen darüber, was es heißt, das Kreuz auf sich zu nehmen und sich selbst zu verleugnen. Manche meinen, es hieße alles Erfreuliche und alle ihre Sehnsüchte aufzugeben. Andere denken es sich so, dass andere Menschen nach Lust und Laune auf ihnen herumtrampeln dürfen. Wiederum andere meinen, es bedeute, immer die weniger attraktive von zwei Alternativen zu wählen. Manche sind sogar der Meinung, dass sie alles Leid, das sie trifft, einfach hinnehmen müssen.

Zum Beispiel habe ich schon so einige Frauen seufzend zu ihrem Mann hinüberschielen sehen und dann traurig flüstern hören, was für ein Kreuz sie doch zu tragen hätten! Oder sie ächzen: »Oh, mein Zwerchfellbruch: Das ist das Kreuz, das ich zu tragen habe.«

Sicher hat auch die Art, wie wir mit Problemen umgehen, etwas mit unserer Grundeinstellung zu tun. Aber wenn wir das »Kreuz« nur auf Probleme und Schwierigkeiten beziehen, haben wir die Tragweite der Worte Jesu nicht begriffen.

Um zu verstehen, was Jesus wirklich meinte, müssen wir zum Ursprung zurückkehren: »Da nahm Gott, der Herr, Staub von der Erde, formte daraus den Menschen und blies ihm den Lebensatem in die Nase. So wurde der Mensch ein lebendes Wesen« (1. Mose 2,7).

Das Wort, das hier im Hebräischen für ein »lebendes Wesen« benutzt wird, ist »nepesh«. Es wird im Alten Testament 780-mal benutzt und mit »Seele, Selbst, Person, Leben und Herz« übersetzt. Für den Hebräer war der Mensch eine Ganzheit. Er bestand nicht aus einzelnen Teilen, sondern war ein ganzheitliches Wesen, das verschiedene Fähigkeiten besaß. Aus der Seele oder dem Selbst kam die Fähigkeit, zu fühlen, zu denken und zu sprechen. Die Seele hatte aber auch einen Willen. Mit anderen Worten: Der Mensch war eine lebendige Seele mit einem eigenen Willen und keine Marionette. Er hatte die Fähigkeit zu wählen, welche Richtung er einschlagen wollte. Zunächst bewegte sich die Seele in Richtung Gott. Der Mensch war ein lebendes Wesen, das in Beziehung zu Gott stand und im positiven Sinne von ihm abhängig war.

Mit dem Sündenfall jedoch änderte sich die Marschrichtung der Seele beziehungsweise des Selbst. Der Weg wurde gekrümmt beziehungsweise verbog sich. Wie ein Schiff, das nach einem Sturm Schlagseite hat, fing der Mensch an, sich von Gott fort zu bewegen. Seither wurde jeder Mensch mit einem Hang zur Unabhängigkeit und Rebellion geboren: »Alles, was aus ihrem Herzen kommt, ihr ganzes Denken und Planen, ist nun einmal böse von Jugend auf« (1. Mose 8,21).

Jesus macht seinen Jüngern deutlich, dass sie sich selbst verleugnen müssen, wenn sie ihm folgen wollen. Das heißt, sie müssen diese Tendenz ihrer Seele und die gut eingelaufenen Pfade verlassen und eine neue Richtung einschlagen. Deshalb werden die Veränderungen, die sich im Leben eines Christen vollziehen, sein gesamtes Leben betreffen. Seine Gefühle, Gedanken, Haltungen und sein Verhalten werden in eine andere Richtung verlaufen – weg von der Unabhängigkeit und Rebellion und hin zu Gott und dem Vertrauen auf ihn.

Die bekannten Ausflüchte »So bin ich eben. Ich war schon immer so, wie ich jetzt bin. Ich kann mich einfach nicht ändern«, sind für einen Nachfolger Jesu nicht gültig. Für einen Christen »gilt« es nicht, nur oberflächliche Veränderungen vorzunehmen und im Innern unverändert zu bleiben, nur weil wir uns nicht trauen, uns den vermeintlichen Schutz unserer gewohnten Überlebensstrategien zu versagen. Wenn wir unser Kreuz auf uns nehmen wollen, bedeutet das, dass wir unseren vertrauten Selbstschutztechniken Lebewohl sagen müssen.

Zweitens: Der Einsatz von Überlebensstrategien funktioniert nicht, weil wir als Christen wahrhaftig leben wollen.

Christen sind dazu berufen, als »Kinder des Lichts« zu leben

»Auch ihr gehörtet einst zur Finsternis, ja, ihr wart selbst Finsternis, aber jetzt seid ihr Licht, weil ihr mit dem Herrn verbunden seid. Lebt nun auch als Menschen des Lichts! Aus dem Licht erwächst als Frucht jede Art von Güte, Rechtschaffenheit und Treue. Fragt immer, was dem Herrn gefällt!« (Epheser 5,8-10).

Wenn wir uns hinter unseren Verteidigungsmauern verschanzen, leben wir in der Dunkelheit. Jesus sagte, dass diejenigen, die die Wahrheit tun, zum Licht kommen (Johannes 3,21). Tatsache ist jedoch, dass viele von uns unangenehme, schmerzliche Gefühle haben, besonders wenn wir in der Vergangenheit mit Unsicherheit und Scham zu kämpfen hatten. Das Ehrlichste wäre es, wenn wir uns diese Gefühle eingestehen und sie vor Gott und ans Licht bringen würden, um Heilung zu finden.

»Leben wir nun aber im Licht, so wie Gott im Licht ist, dann haben wir Gemeinschaft miteinander, und das Blut, das sein Sohn Jesus für uns vergossen hat, reinigt uns von jeder Schuld« (1. Johannes 1,7).

Es passiert allzu oft, dass wir unseren Schmerz einfach gar nicht wahrhaben wollen oder ihn hinter einer schützenden Mauer verbergen. Nach außen geben wir vor, jemand ganz anderer zu sein, als wir wirklich sind. Jesus nannte das recht unverblümt Heuchelei. »Ihr seid wie weiß angestrichene Gräber, die äußerlich schön aussehen; aber drinnen sind Totengebeine und alles mögliche Ungeziefer, das unrein macht!« (Matthäus 23,27).

Nun gibt es Menschen, die sich ganz bewusst dafür entscheiden, sich vor neuen Verletzungen und Missbrauch zu schützen. Und es gibt sehr viele Menschen, die den Schmerz irgendwo vergraben haben und sich nicht damit beschäftigen wollen.

Vor kurzem erzählte mir eine Mutter von vier Kindern, ihr sei bewusst, dass sie sich mit einigen unbewältigten Dingen aus ihrer Kindheit auseinander setzen müsste, sie dies aber umgehen und sich stattdessen mit Arbeit eindecken würde. Mit vier Kindern war das sicher nicht allzu schwierig. Sie wusste aber, dass ihre Geschäftigkeit im Grunde ein Trick war, um ihre schlechten Gefühle zu verdrängen.

Einige treffen eine bewusste Entscheidung, um dem Schmerz nicht ins Auge sehen zu müssen. Andere dagegen sind sich über ihre Selbstschutzmechanismen gar nicht im Klaren. Sie bemerken vielleicht einige Probleme in ihren Beziehungen, sind aber völlig ratlos, warum das so ist. Der Gedanke, dass ihre Probleme aus unbewältigten Kindheitserfahrungen herrühren könnten, ist ihnen nie in den Sinn gekommen.

Nancy war ein solcher Mensch. Sie war eine ziemlich einsame Dame mittleren Alters, die sich ständig beklagte, dass ihre Freunde nie Zeit für sie hätten, Nancy selbst dagegen viel Zeit für sie aufbrächte. Als sie dann über ihre Beziehungsmuster sprach, verstand ich ihre Freunde viel besser. Sie liebte ein geordnetes Leben. Deshalb setzte sie auch alles dran, ihre Freunde in diese Ordnung einzufügen und sie ihren Regeln anzupassen. Innerhalb kurzer Zeit war alles Leben aus diesen Beziehungen gewichen, weil Freundschaften sich eben nicht im Rahmen einengender Regeln entfalten können. Diese Dame konnte (oder wollte) aber nicht erkennen, was hinter ihrem Regelwerk steckte und dass ihre Freunde guten Grund hatten, sie zu meiden. Auch als ihr Mann leise anklingen ließ, dass er die gleichen Probleme mit ihr hatte und dass die Kinder aus den gleichen Gründen nur sehr ungern nach Hause kamen, weigerte sie sich, ihren Lebensstil einer Prüfung zu unterziehen. Sie zog es vor, in der Dunkelheit der Unwissenheit zu bleiben, als ihr Leben Gottes Lichtstrahlen auszusetzen.

Die Essenz geistlichen Wachstums ist im Gebet des Königs David zusammengefasst: »Durchforsche mich, Gott, sieh mir ins Herz; prüfe meine Wünsche und Gedanken. Und wenn ich in Gefahr bin, mich von dir zu entfernen, dann bring mich zurück auf den Weg zu dir« (Psalm 139, 23-24).

Im Licht zu leben heißt auch, dass wir unser Leben immer wieder im Gebet vor Gott kritisch hinterfragen und dann auch überdenken, was er uns aufzeigt. Wenn uns erst einmal die Verhaltensmuster bewusst geworden sind, die uns und unseren Mitmenschen Probleme bereiten, sind wir auch dafür verantwortlich, sie Schritt für Schritt abzubauen.

Menschen, die in ihrer Unwissenheit verharren, haben meist eine unbewusste Entscheidung aus der Angst heraus getroffen, sich den Problemen zu stellen. Sie fürchten den Schmerz ihrer vergrabenen Hoffnungen und Wünsche und sie fürchten sich vor tief greifenden Veränderungen, über die sie nur wenig Kontrolle haben.

Viele Menschen kommen mit der Hoffnung in die Seelsorge, Erleichterung von ihren Problemen zu bekommen. Zumindest erhoffen sie sich einen gewissen Beistand in ihren Schwierigkeiten. Die Dame, die sich über ihre Freunde beklagte, wollte in ihrer Enttäuschung meine und Gottes Hilfe erfahren. Sie wollte aber weder sich selbst noch ihre Art, Beziehungen zu führen, wirklich in Frage stellen.

Verstellungen und Vertuschungen, eine verzerrte Wahrnehmung und mangelnde Einsicht, gepaart mit Widerstand gegen Veränderungen, sind ganz eindeutig nicht im Sinne Gottes. Wenn wir als Kinder des Lichts leben wollen, müssen wir uns ganz und gar der Wahrheit verschreiben.

»Das heißt, wir müssen immer die Wahrheit, so gut wir sie erkennen können, für wichtiger und bedeutsamer als unsere eigenen Interessen und unsere Bequemlichkeit halten. Umgekehrt gilt, dass wir unser persönliches Unbehagen immer für relativ unwichtig halten müssen und es sogar eher als willkommenes Zeichen auf unserer Suche nach der Wahrheit betrachten sollten. Die geistige Gesundheit ist ein fortwährender Prozess, sich unter allen Umständen ganz und gar der Realität verpflichtet zu wissen.«[2]

Und drittens sind Selbstschutzmechanismen keine Option für Christen, weil sie anderen gegenüber lieblos sind.

Christen sollten sich untereinander lieben

Jesus befahl seinen Jüngern, sich untereinander zu lieben: »Das ist mein Gebot: Ihr sollt einander so lieben, wie ich euch geliebt habe. Niemand liebt mehr als einer, der sein Leben für seine Freunde opfert« (Johannes 15,12-13). Später betete er dann in einem seiner letzten Gebete zum Vater, dass die Christen eins werden, »so wie du und ich« (Johannes 17,11). Schutzmechanismen sind nicht vereinbar mit wirklicher Liebe, Hingabe oder Einheit.

Sich gegenseitig zu lieben und gleichzeitig seine Selbstschutzmechanismen aufrechtzuerhalten, ist schlichtweg unmöglich. »Gott wirklich zu ehren, heißt nichts mehr und nichts weniger, als ihn und andere kühn und aufopfernd zu lieben. Und doch setzen wir in Beziehungen meist alles daran, Schmerzen zu vermeiden. Der Aufruf zur Liebe und der Entschluss, den Verletzungen auszuweichen, werfen einen fundamentalen Widerspruch in der Seele auf.«[3]

Wir können nicht für uns beanspruchen, dass wir alles für unsere Freunde geben und zugleich Schutzmechanismen, Ausweichmanöver oder manipulatives Verhalten aufrechterhalten. »Gestörte Menschen, die sich hinter einer Maske verstecken, sind damit beschäftigt, sich um sich selbst zu drehen, und können ihren Blick nicht auf den anderen richten. Ihre Beziehungen sind nach innen und nicht nach außen gerichtet. Ihr Geben zielt darauf ab, auch etwas dafür zurückzubekommen.«[4]

Es ist einfacher, physisch für unsere Freunde zu leiden, als Verhaltensmustern abzusagen, die zur Gewohnheit geworden sind und die entweder unsere Seele schützen oder uns einen gewissen emotionalen Gewinn einbringen sollen. Ich habe eine Freundin, die sich für ihre Freunde und ihre Familie völlig verausgabt, die aber lieber sterben würde, als ihrem Mann zu sagen, dass sie ihn liebt. Das wäre so, als würde man sie darum bitten, die eine Sache zu opfern, die sie stark macht und ihr Leben zusammenhält. Für andere wäre es eine Form des Todes, wenn sie den ganzen Schmerz darüber loslassen müssten, wie übel das Leben ihnen mitgespielt hat. Ihre ganze Identität stünde auf dem Spiel.

Juan Carlos Ortiz hat den Unterschied zwischen der Art von Einheit, die normalerweise in Gemeinden zu finden ist, und der Art von Einheit, für die Jesus betete, mit dem Unterschied zwischen frischen Kartoffeln und Kartoffelpüree verglichen. Neue Kartoffeln reiben sich aneinander, aber bleiben doch getrennt voneinander. Doch Püree ist untrennbar vermischt.

Zweifellos kommt es zu einer solchen Einheit nicht ohne die Hilfe des Heiligen Geistes. Nur wenn er uns zeigt, wie wir tief innen wirklich sind und dass er uns trotzdem ohne Abstriche liebt, wagen wir es, unsere Schutzwälle niederzureißen. Es ist schwer, unser Einzelgängerdasein aufrechtzuerhalten angesichts einer solchen Überhäufung mit Liebe und Barmherzigkeit.

Viertens: Diese Strategien sind keine echte Alternative, weil die Suche nach persönlichem Glück und Zufriedenheit nicht das vorrangige Ziel eines Christen sein sollte.

Das Ziel des Christen ist es, Gott und andere zu lieben

Das Westminster-Bekenntnis besagt: »Das Hauptziel des Menschen ist es, Gott zu verherrlichen und sich ewig an ihm zu freuen.« Dieses Ziel geht verloren, wenn ein Mensch von dem Wunsch und Bedürfnis aufgezehrt wird, Schmerz und Unbehagen zu vermeiden.

Für jeden Menschen sind Unsicherheit und Scham mit Sorgen, Unruhe und Schmerzen verbunden. Da solche Gefühle unangenehm sind, setzen wir alles daran, um sie zu umgehen. Wir sind dazu entschlossen, in unserer emotionalen »Kuschelecke« zu bleiben. Auch wenn die Schritte, die wir unternehmen, um uns vor Unbehagen zu schützen, unsere Beziehungen gefährden und unser Leben aus der Bahn werfen können, sind wir dennoch entschlossen, damit weiterzumachen. Larry Crabb hat einmal treffend bemerkt, dass nicht der »Schmerz über die Enttäuschungen« das eigentliche Problem sei. Das Problem sei vielmehr unsere eigene Entschlossenheit, den Schmerz um jeden Preis zu vermeiden.

Die Suche nach persönlicher Zufriedenheit ist schließlich das Ziel in unserem Leben geworden. Wir verfolgen sie ohne Rücksicht auf andere und wir erwarten dies auch von anderen. Larry Crabb bemerkt auch, dass wir in uns auf mehr stoßen können als nur auf unangenehme Erinnerungen und schmerzliche Gefühle. Wenn wir ehrlich sind, kommt etwas sehr Hässliches zum Vorschein, etwas, was er mit »Anspruchsdenken« bezeichnet.

»Wir erwarten von unserem Partner, dass er unsere Bedürfnisse erfüllt; wir erwarten, dass an unseren Kindern die

Früchte unserer christlichen Erziehung sichtbar werden; wir erwarten von unserer Gemeinde, dass sie auf unsere Anliegen eingeht; wir erwarten, dass langsamere Autos die Überholspur für uns freimachen; wir erwarten, dass wir nie wieder so gekränkt werden, wie es früher geschehen ist; wir erwarten, dass wir all die Freuden, die uns so lange versagt waren, endlich auch genießen dürfen.

Wie absurd! Können Sie sich eine Armee vorstellen, in der junge Rekruten das Kommando haben, oder eine Firma, in der die Botenjungen den Ton angeben? Und trotzdem schreien wir Menschen unsere Forderungen in den Himmel. Solche Torheit ist die unausweichliche Folge des Entschlusses, die Verantwortung für unser Glück selbst in die Hand zu nehmen. Und diese Last ist einfach zu schwer für unsere Schultern. Wenn wir Verantwortung für etwas übernehmen, das wir verzweifelt brauchen, aber nicht steuern können, dann erwarten wir gegen jede Vernunft, Erfolg zu haben.«[6]

Es ist sicherlich ganz normal, glücklich, sicher und erfüllt leben zu wollen. Aber wir können diese Dinge nicht zu unserem erklärten Ziel machen, ohne auf die Gefühle anderer Leute und Gottes Willen Rücksicht zu nehmen. Jesus sagte: »Trachtet zuerst nach dem Reich Gottes und nach seiner Gerechtigkeit, so wird euch das alles zufallen« (Matthäus 6,33). Wenn wir Gottes Anliegen zu unserem obersten Ziel erheben, werden persönliches Glück und persönliche Erfüllung folgen.

Fünftens: Unsere unabhängig von Gott zurechtgezimmerten Überlebensstrategien sind keine Alternative – aus dem einfachen Grund, weil Gott sich wünscht, unsere Bedürfnisse nach Sicherheit und Selbstachtung selbst zu stillen. Wir sind seine Kinder und er ist betrübt, wenn wir uns Taktiken ausdenken, wie wir diese Grundbedürfnisse anderswo befriedigen können.

Gott möchte unsere Grundbedürfnisse stillen

Sich sicher zu fühlen und sich geliebt und geschätzt zu wissen, sind Grundbedürfnisse, die jeder Mensch hat. Wir leben in einer gefallenen Welt und es ist nahezu unmöglich, dass diese Bedürfnisse genau in der Weise befriedigt werden, wie wir uns das vorstellen. Selbst Menschen, die aus einem liebevollen Elternhaus kommen, leiden gelegentlich unter einem Anflug von Unsicherheit und Angst. Menschen aus extrem gestörten Familien werden jedoch aller Wahrscheinlichkeit nach mit sehr beängstigenden Gefühlen der Unsicherheit und Wertlosigkeit zu kämpfen haben. Diese Menschen werden danach trachten, das bisschen Sicherheit und Selbstwert, das sie noch haben, um jeden Preis zu schützen und möglichst noch mehr davon zu erlangen.

Die Tendenz des Menschen zur Rebellion hat ihn dazu geführt, von seiner einzig wahren Quelle der Sicherheit und des Selbstwerts abzudriften. Überall in der Bibel spricht Gott eine schier endlose Zahl an Einladungen an seine Kinder aus, zu ihm zu kommen, damit ihre tiefsten Bedürfnisse gestillt werden. Aber in seiner Starrköpfigkeit sucht der Mensch unaufhörlich danach, diese Bedürfnisse unabhängig von Gott zu befriedigen. Wie Dr. Allender bemerkt, ist das Opfer einer gestörten Familie heimlich oder offen entschlossen, sein Leben unabhängig zu führen und Gott nicht zu erlauben, seine tiefsten Sehnsüchte zu stillen. Dahinter steht eine feste, unerschütterliche Entscheidung, anderen »Göttern« nachzujagen und sein Leben abseits der dynamischen, jeden Moment neuen Beziehung mit dem Herrn des Lebens zu finden.[7]

Immer und immer wieder lädt Gott sein Volk dazu ein, auf ihn zu hoffen und sich auf ihn zu verlassen. Er warnt diejenigen, die woanders nach Schutz suchen, dass sie »in Schmerzen liegen« sollen (Jesaja 50,10-11). Und doch hat Gottes Volk sich immer und immer wieder von ihm entfernt und versucht, sich selbst zu schützen. Die Folgen waren jedes Mal die gleichen: »Mein Volk hat doppeltes Unrecht verübt: Mich, die Quelle des frischen Wassers, hat es verlassen, und statt dessen gräbt es sich Löcher für Regenwasser, die auch noch rissig sind und das Wasser nicht halten« (Jeremia 2,13).

Seit den Zeiten Jeremias hat sich da leider nicht viel geändert! Wir versuchen noch immer, unsere grundlegenden emotionalen Bedürfnisse aus jeder anderen Quelle außer bei Gott zu befriedigen. Wir setzen Hunderte von veralteten Taktiken ein, um Vergnügen und Erfüllung zu erlangen. Aber sie funktionieren heute genauso wenig wie damals und wir sind wieder unbefriedigt wie eh und je.

Wir versuchen aber nicht nur, unsere Bedürfnisse aus fremden Quellen zu stillen, wir setzen auch – unabhängig von Gott – unsere Mittel ein, um uns selbst zu schützen.

Wenn wir weiterhin unser Leben nach unseren Methoden führen, werden wir irgendwann feststellen, dass alles aus den Fugen gerät. Unsere Strategien zum Selbstschutz werden schließlich unsere Beziehungen zerstören. Schlimmstenfalls werden sie uns den Hunger nach dem Einen nehmen, der uns total erfüllen kann – unserem Gott.

Als Letztes gilt, dass diese Selbstschutzstrategien für Christen nicht akzeptabel sind, weil sie uns den Hunger nach Gott nehmen.

Das wichtigste Ziel des Christen ist es, Gott zu suchen

Kinder, die zwischen den Mahlzeiten Süßigkeiten futtern, verlieren den Appetit auf gutes, nahrhaftes Essen. Es passiert so leicht, dass wir uns den Hunger nach Gott nehmen, indem wir uns von ungesundem »Essen« ernähren. »Wenn wir uns weigern, den Schmerz unserer Sehnsüchte zu empfinden, dann verschließen wir uns der einzigen Möglichkeit, die uns noch bleibt, sie zu stillen.«[7]

Viele der Strategien, die wir anwenden, betäuben für eine gewisse Zeit den Schmerz, steigern unser Selbstbewusstsein, verdrängen das Gefühl der Einsamkeit, befreien uns von Langeweile, lindern unsere Ängste und füllen unsere Leere aus. Halten wir dagegen die Spannung der zermürbenden Gefühle aus, anstatt sie gleich mit irgendeiner Taktik zu vertreiben, die vielleicht zufällig das letzte Mal funktioniert hat, könnte es passieren, dass wir uns wie König David »nach den Vorhöfen des Herrn« sehnen (Psalm 84,3). Wir würden wieder Sehnsucht nach Gottes Nähe empfinden. Und zu guter Letzt finden wir uns dann vielleicht auf einer Reise wieder, die Wachstum und Veränderung mit sich bringt – auf einer Reise zu dem hin, der unsere Bedürfnisse befriedigen kann.

Es braucht Mut und Entschlossenheit, mit unseren Gewohnheiten im Umgang mit Defiziten zu brechen. Eine Reise ist nie einfach. Da wird es Zeiten geben, in denen der Weg steinig ist und wir den Eindruck haben, durch eine innere Hölle zu gehen. In diesen Zeiten brauchen wir dann einen felsenfesten Willen. Wenn wir aber durchhalten, werden wir Erfrischung und Erneuerung erfahren, und wir werden immer mehr Kraft bekommen, je näher wir der Quelle kommen, die unsere tiefsten Sehnsüchte stillen kann. Dann werden wir uns fragen, warum wir so lange unsere Zeit und Energie darauf verschwendet haben, nach dem zu suchen, was nur Gott zu schenken vermag.

Bleibt noch eine Frage zu beantworten: Wie können wir diese Reise beginnen? Gibt es Wegweisungen und Hilfestellungen, die uns helfen, unsere Reise in Angriff zu nehmen und nicht von der Straße abzukommen, wenn wir uns einmal auf den Weg gemacht haben?

Kapitel 8

Überwindung von Überlebensstrategien

Wenn jemand Christ wird, wird er normalerweise nicht gleich völlig von dem Verlangen beseelt sein, Jesus ähnlicher zu werden. Erst wenn er in seinem Alltag auf Probleme stößt, wird er sich nach entsprechenden Lösungen umsehen. Wenn er dann zu Gott ruft oder Hilfe bei anderen sucht, wird er langsam erkennen, dass er noch weit davon entfernt ist, so zu sein wie Jesus. An diesem Punkt ändert sich dann seine Motivation. Die betreffende Person will nicht mehr nur Heilung für das Problem, sie will ganzheitlich Jesus Christus ähnlicher werden. Das ist der Beginn einer geistlichen Reise, die sich bis an das Lebensende fortsetzen wird. Es wird keine einfache Reise werden und nur der entschlossene Reisende wird auf Kurs bleiben, wenn die Straße voller Schlaglöcher ist.

Entschlossenheit

Änderungen sind nie leicht! Wenn Paulus Schmerzen wie eine gebärende Frau empfand, als er darum betete, dass Christus in den Gläubigen aus Galatien Gestalt annehmen würde, um wie viel qualvoller waren dann die ganzen Mühen, die jene empfanden, die tatsächlich diese Veränderungen herbeiführen mussten. Eine Umgestaltung ist allemal schwierig, wenn nicht sogar schmerzlich, und das Erste, was man dazu braucht, ist eine feste Entschlossenheit.

Nur ein fest entschlossener und einsatzfreudiger Reisender kann das Ziel wirklich erreichen. Es gibt viele Hindernisse, die überwunden werden müssen, und der halbherzige Pilger kann dabei leicht den Mut verlieren – es sei denn, er hat innerlich den festen Entschluss gefasst, unter allen Umständen durchzuhalten.

Wenn wir unsere Überlebensstrategien überwinden wollen, müssen wir uns den Veränderungen stellen. Die meisten Menschen möchten sich zwar weiterentwickeln, aber wenn es darum geht, dabei Schwierigkeiten zu überwinden, stößt das bei den wenigsten auf Gegenliebe. Doch Veränderungen gehören nun einmal zum Wachstum dazu. Es ist unmöglich zu wachsen, ohne sich dabei zu ändern. Jedes Mal, wenn ich meine Enkel besuche, wird mir das von neuem deutlich. Seien es neue Zähne, größere Füße, längere Beine oder breitere Schultern, egal, was es auch ist, das Wachstum hat die Veränderungen bewirkt.

Die Veränderungen, über die wir an dieser Stelle sprechen, sind tief greifender Natur. Es sind Veränderungen, die unsere Denkweise auf den Kopf stellen, unsere Sicht der Welt und unsere Beziehungsfähigkeit – ja, die ganze Art und Weise, wie wir als Mensch sind. An dieser Art von Veränderung ist nichts Oberflächliches. Viele von uns bringen eine Unmenge alter Ansichten und Gewohnheiten mit in ihr Leben als Christ – Dinge, die in unserem alten Leben völlig normal erschienen, aber bei denen wir so nach und nach entdecken, dass sie nicht mit Gottes Ansichten übereinstimmen. Dann heißt es, sich diese Dinge einzugestehen und sich neu mit ihnen auseinander zu setzen.

Ganz praktisch bedeutet dies, dass das Gürteltier seinen Schutzpanzer ein Stück weit abnimmt und das Risiko auf sich nimmt, sich verletzlich zu machen. Für den Kontrolleur heißt das, dass er aufhört, alles und jeden zu bestimmen, und sich der Unsicherheit stellt, die das für ihn mit sich bringt. Für den anhänglichen Efeu heißt das, bewusst Gott um Hilfe zu bitten, wenn er sich wieder bedürftig fühlt, und nicht nach der Unterstützung eines Freundes zu schielen. Das wird nicht leicht werden, aber Gott hat uns nie einen Rosengarten versprochen!

Der Entschluss, sich Veränderungen zu öffnen, bedeutet, dass wir all das, was uns das Leben bietet, als Chance begreifen. Eine Freundin von mir hatte mir oft gestanden, dass es ihr an Geduld fehlte. Eines Tages rief sie bei mir an, um sich über ihre Familie zu beschweren, die gerade besonders anstrengend war. »Sie stellen meine Geduld wirklich auf eine harte Probe«, ereiferte sie sich. »Warum lässt Gott das denn überhaupt alles zu? Er weiß doch, wie schwer mir das fällt!«

Als ich später über das Gespräch mit ihr nachdachte, kam mir der Gedanke, ob Gott wohl gerade ihre Familie dazu benutzte, die Tugend zu trainieren, die ihr fehlte. Schwachpunkte müssen dadurch gestärkt werden, dass wir *mehr* an ihnen arbeiten und nicht weniger. Wenn unsere Beinmuskulatur schlaff ist, sitzen wir ja auch nicht einfach nur da und hoffen, dass sie einfach so stärker wird. Stattdessen setzen wir uns in Bewegung und trainieren die Muskeln.

Gott kann unsere Probleme und Schwierigkeiten dazu benutzen, unser Wachstum zu fördern. Satan wird dagegen versuchen, uns dadurch am Wachstum zu hindern. Etwas, was der Feind nicht gerne sieht, sind Leute, die anfangen, sich so wie Jesus zu verhalten. Er wird probieren, uns Lügen einzuflüstern, uns zu entmutigen und unsere Energie aufzubrauchen. Er wird uns einzureden versuchen, dass wir Versager sind und genauso gut gleich aufgeben könnten. Er wird uns einreden, dass es besser wäre, zu unseren alten Strategien zurückzukehren. Wenn das nicht funktioniert, wird er uns mit anderen Methoden zu ködern suchen, mit denen wir Sicherheit und Selbstachtung erlangen können.

Wir müssen uns dann selbst bewusst machen, dass es noch nichts Schlimmes ist, versucht zu werden, und auch nichts Schlechtes, wenn wir zu kämpfen haben. Durch Auseinandersetzungen und Herausforderungen werden wir im besten Fall gestärkt: »Nehmt es als Grund zur Freude, wenn ihr in vielfältiger Weise auf die Probe gestellt werdet, denn ihr wißt: Wenn euer Glaube erprobt wird, führt euch das zur Standhaftigkeit; die Standhaftigkeit aber soll zum Tun des Rechten und Guten führen, damit ihr in jeder Hinsicht untadelig seid und euch zur Vollkommenheit nichts mehr fehlt« (Jakobus 1,2-4).

Als wir in Südamerika lebten, sammelten wir eifrig Halbedelsteine. In ihrem natürlichen Zustand sahen sie nach nichts Besonderem aus. Es hätten auch irgendwelche Kiesel sein können. Doch dann schloss David eine Schleifmaschine an, und bevor sie die gesamte Stromversorgung im Haus lahm legte, schafften wir es, einige der Steine zu schleifen. Das war kein Vergleich! Die Steine waren nicht wieder zu erkennen. Bei einem musste ich ganz besonders meinen Stolz überwinden und umdenken lernen. Es handelte sich um ein großes Exemplar, das David gefunden hatte. Er war sich sicher gewesen, dass es ein Achat war, aber ich hatte das Ding für einen gewöhnlichen Kiesel gehalten. Als Davids Stein aus der Schleifmaschine kam, war aus ihm ein wunderschöner, fast durchsichtiger roter Stein geworden, in dessen Innerem ich deutlich eine parallele Maserung erkennen konnte – die Merkmale eines Achats!

Der Entschluss, sich zu verändern, bedeutet, dass man sich dem Schleifprozess des Lebens unterzieht. Es heißt, dass man sich den unangenehmen Situationen und schwierigen Menschen stellt, denen man im Laufe seines Lebens begegnet. Nur so können wir unsere rauen Ecken und Kanten abschleifen lassen, um unser wahres Inneres freizugeben und immer mehr Gottes Bild widerzuspiegeln.

C. S. Lewis beschreibt in seinem Buch »Die große Scheidung« eine geschwätzige alte Frau, die der Angewohnheit verfallen war, dauernd nur zu nörgeln. Sie war der Meinung, dass das Leben ihr übel mitgespielt hatte und beschwerte sich deshalb über alles und jedes. C. S. Lewis fragt sich, »ob sie eine Nörglerin ist oder nur noch ein Nörgeln. Wenn noch eine wirkliche Frau – auch nur die geringste Spur davon – innen drinsteckt in dem Nörgeln, dann kann sie wieder zum Leben gebracht werden.«[1]

Auf die Entschlossenheit, sich zu ändern, folgt der Entschluss, sich der Wahrheit zu stellen. Veränderungen kommen nur zu Stande, wenn wir bereit sind, der Realität über uns selbst ins Auge zu blicken. »Persönliche Integrität und der feste Entschluss, sich nichts vorzumachen, sind Grundvoraussetzungen für die Veränderung von innen nach außen.«[2]

Ohne Ehrlichkeit uns selbst gegenüber kann es keine Veränderung geben. Wenn wir uns der Blockaden, die dem Wachstum in unserem Leben entgegenstehen, nicht bewusst sind, wie sollen wir sie dann beseitigen? Nur allzu viele Menschen sind sich völlig im Unklaren über die Gründe, die sie dazu bewegen, so zu fühlen, wie sie fühlen, oder sich so zu verhalten, wie sie sich verhalten. Anstatt sich die Zeit zu nehmen und sich selbst zu fragen, was schief läuft, verursachen sie sich selbst und anderen endlos Kopfzerbrechen und Ärger.

Nach meiner Ansprache während eines Vortrages über negative Gefühle und den Umgang mit ihnen kam eine Frau auf mich zu, die sich offensichtlich ziemlich über das aufregte, was ich da gerade gesagt hatte. »Ich muss unbedingt mit Ihnen reden«, fing sie etwas brüsk an. »Sie sagten, wenn negative Gefühle längere Zeit anhalten, dann müsse man etwas dagegen unternehmen. Also, ich habe mich fünfzehn Jahre lang geärgert und ich *kann* nichts dagegen tun.«

Was ich tatsächlich gesagt hatte, war, dass wir versuchen sollten, die Ursache für unsere negativen Gefühle herauszufinden. Diese Frau hätte vielleicht Fortschritte machen können, wenn sie begriffen hätte, *warum* sie so frustriert war. Wahrscheinlich hing ihre Frustration damit zusammen, dass eine Sehnsucht, ein bestimmter Wunsch von ihr – etwas, auf das sie einmal ihre ganze Hoffnung gesetzt hatte – sich nicht erfüllt hatte. Salomo hatte Recht, als er sagte: »Langes Warten macht das Herz krank« (Sprüche 13,12).

Je ehrlicher wir uns selbst und anderen gegenüber werden, desto wahrscheinlicher ist es, dass wir uns ändern können. Ohne diese Aufrichtigkeit können wir keine Fortschritte erzielen. Aber die Wahrheit kann schmerzlich sein. Wenn wir uns nicht vorgenommen haben, sie unter allen Umständen anzustreben, neigen wir dazu, sie zu umgehen. Es bricht einem das Herz, wenn man die Grausamkeit und Nachlässigkeit der eigenen Eltern sieht. Und es kann ganz schön »ungemütlich« werden, wenn wir zum ersten Mal erkennen, dass wir andere durch unsere kühle und distanzierte Art verletzt haben. Es ist beschämend zu entdecken, welch krumme Wege wir vielfach eingeschlagen haben, um unsere Bedürfnisse zu befriedigen. Aber wenn wir diese Zusammenhänge nicht kennen, wie sollten wir uns dann ändern?

Nun ist es eine Sache, sich im Schutz seiner Privatsphäre der Wahrheit zu stellen – aber eine andere, sich so dringend ändern zu wollen, dass man bereit ist, sich auch von anderen in Frage stellen zu lassen. Ich bewundere Menschen, die bereit sind, sich in die Seelsorge oder eine Therapie zu begeben. Das ist gar nicht so einfach, wie manche vielleicht denken mögen. Zunächst einmal ist es ein Eingeständnis der eigenen Bedürftigkeit, was sehr demütigend sein kann. Zum anderen gibt man dadurch einer anderen Person das Recht, die eigenen Denk- und Verhaltensmuster zu hinterfragen.

Julie litt unter akuten Angstanfällen. Wir vereinbarten einen Gesprächstermin, um die Ursachen ihrer Panikattacken herauszufinden. Etwas, was ihre Angst verstärkte, war ihr extremes Pflichtbewusstsein. Sie fühlte sich total hilflos, wenn sie an all das dachte, was noch zu erledigen war. Einmal sprach ich sie auf ihre Unfähigkeit an, auch mal Nein zu sagen, wenn andere sie um Hilfe baten.

»Wovor haben Sie Angst?«, fragte ich sie. »Was meinen Sie, was passiert, wenn Sie jemandem einen Wunsch abschlagen?«

Sie dachte lange darüber nach und meinte dann: »Ich habe Angst, dass sie mich dann nicht mehr brauchen«, gab sie schließlich zur Antwort.

Als ich sie das nächste Mal sah, berichtete sie mir, dass sie an einem Abend in dieser Woche daheim geblieben war, um die Menschen und Beschäftigungen aufzulisten, von denen sie ihre Sicherheit und ihren Selbstwert zu beziehen versuchte. Über die Liste schrieb sie den Namen Gottes – der einen Person, die ihr wirklich geben konnte, wonach sie sich sehnte. Meine Herausforderung hatte ihr die Möglichkeit eröffnet, sich selbst einmal in Frage zu stellen und ihre Motivation zu überprüfen – eine Herausforderung, die sie genauso gut hätte von sich weisen können, aber der sie sich tatsächlich stellte. Sie nahm die Wahrheit an und machte dadurch auf ihrer Reise zur Ganzheit einen entscheidenden Schritt nach vorne.

Bevor eine tiefe innere Veränderung stattfinden kann, muss also ein bewusster Wunsch vorhanden sein, sich verändern und wachsen zu wollen – egal, wie hoch der Preis ist. Oberflächliche Veränderungen kann man auch anders bewirken, aber wenn man so werden möchte wie Jesus, geschieht das nur von innen nach außen. Wenn Sie jedoch allen Mut zusammengenommen und sich auf die Reise gemacht haben, werden Sie bald in das »Tal der Trauer« gelangen.

Die aufgebrachte Dame, von der ich weiter oben sprach, musste die Ursache für ihre negativen Gefühle herausfinden. Wahrscheinlich war das Ereignis, das ursprünglich ihren Ärger hervorgerufen hatte, ein Verlusterlebnis. »Mangelnde Liebe ist die Ursache der meisten Probleme.«[3] Aller Wahrscheinlichkeit nach hatte diese Frau ihren ursprünglichen Verlust vor langer Zeit begraben und vergessen. Alles, was ihr noch blieb, waren die bösen Folgen. Es gibt aber auch andere, denen die Verlusterlebnisse der Vergangenheit – wie zum Beispiel Liebesentzug – noch voll bewusst sind. Trotzdem haben sie beschlossen, über den Schmerz wie auch die Auswirkungen hinwegzugehen und ihr Leben im Hier und Jetzt so weiterzuleben.

Wenn wir der Vergangenheit ins Auge blicken, erwächst daraus Verständnis. Wie sehr uns auch davor graut, uns vergangene Verlusterlebnisse neu ins Bewusstsein zu rufen, ist es doch ein wichtiger Schritt auf unserer Reise – und dies aus mehreren Gründen.

»Wir können unsere Selbstschutzmechanismen ja nicht erkennen, solange uns nicht bewusst ist, was wir eigentlich schützen. Erst wenn wir begriffen haben, dass wir Opfer einer Enttäuschung wurden, können wir eindeutig die Strategien identifizieren, die wir uns zur Vermeidung von weiteren Verletzungen zugelegt haben.«[4] Wenn wir uns dem Leid und dem Schmerz vergangener Entbehrungen stellen, stellt sich auch das Verständnis dafür ein. »Ah, jetzt weiß ich auch, warum ich solche Angst habe, mich auf jemanden einzulassen oder allein zu sein.«

Diese Art der Einsicht ist allerdings noch nicht der Weisheit letzter Schluss. Sie ist lediglich ein erster Schritt in die richtige Richtung. Man wird nicht länger von unbekannten Kräften getrieben, Dinge zu sagen und zu tun, die einem selbst und anderen wehtun. Man kann natürlich danach noch genauso weitermachen wie zuvor, aber die Möglichkeit zur Veränderung ist nun zumindest gegeben.

Der Perfektionist zum Beispiel, der in einem lichten Moment die treibende Kraft hinter seiner Sucht erkannte, hat nun die Wahl. Er kann den Rest seines Lebens damit zubringen, das unerreichbare Ziel zu verfolgen, seinem (längst verstorbenen) Vater zu gefallen, oder es sein lassen und einen besseren Weg finden, um sein Bedürfnis nach Wertschätzung zu befriedigen. Vor diesem Moment der Einsicht und Erkenntnis lag die treibende Kraft hinter seinem Perfektionismus im Verborgenen – wie ein Geist, der sein Leben unbewusst kontrollierte. Nun ist es ihm bewusst geworden und sein Perfektionismus ist für ihn kein Schreckgespenst mehr. Er kann darin nun den kleinen Jungen sehen, der seinem Vater nur gefallen wollte.

Bei Menschen, die ihre Erinnerungen so weit begraben oder verdrängt haben, dass nur kurze Rückblenden den Schmerz erahnen lassen, wäre es unvernünftig, wenn man die Erinnerungen unter Zwang ins Bewusstsein holen wollte. Gott wird sie hervorholen, denn er weiß, wann wir so weit sind, mit ihnen umgehen zu können. Ich betete einmal mit einem Mädchen, von dem ich annahm, dass es ein Inzest-Opfer gewesen war. Wir beteten sechs Monate lang darum, dass Gott ihr zeigen solle, warum sie auf bestimmte Situationen mit einer so lähmenden Angst reagierte. Jedes Mal, wenn eine Erinnerung auftauchen wollte, geriet sie in Panik und drängte sie zurück. Aber allmählich wurde sie immer zuversichtlicher, und zugleich konnte sie ihre Abwehrmechanismen abbauen und die schrecklichen Erinnerungen an den Missbrauch in ihr Bewusstsein treten lassen. Nur Gott und die betreffende Person haben ein Recht dazu, die Schutzmauern niederzureißen, die ja nicht ohne Grund aufgebaut worden sind. Ein Seelsorger kann lediglich einen sicheren Raum schaffen, in dem diese Erinnerungen ganz allmählich wieder ans Tageslicht befördert werden können.

Wenn die Erinnerungen zurückkehren, sind sie oft so eindrücklich, als wäre die Sache erst gestern passiert. Linda Caine, eine Frau, die als Kind brutal sexuell missbraucht worden war, erlaubte, dass ihre Geschichte auf Video aufgezeichnet wurde, während sie sie Margaret Collingwood schilderte. Ihre Erfahrung war so erschreckend gewesen, dass sie ihre Erinnerungen daran völlig verdrängt hatte, um überleben zu können. Abgesehen von einigen zusammenhanglosen Begebenheiten konnte sie sich wirklich an nichts erinnern. Als sich jedoch ihre Depressionen und Ängste immer mehr verschlimmerten, nahm sie schließlich Hilfe in Anspruch. Im Verlauf der Therapie erinnerte sie sich dann langsam wieder an die schrecklichen Erlebnisse in ihrer Kindheit. Linda verglich dabei ihr wiederhergestelltes Gedächtnis mit gefrorenen Erbsen. Als ihre Erinnerungen zurückkamen, waren sie so frisch wie an dem Tag, an dem sie eingefroren worden waren.[5]

Daneben gibt es aber auch ein Syndrom, das falsche Erinnerungen hervorruft und das für gewöhnlich als Mutmaßung im Kopf des Seelsorgers beginnt. Diese Vermutung wird dem Hilfesuchenden als Erklärungsversuch nahe gelegt, der dann meint, sich vielleicht an etwas erinnern zu können. In der Hoffnung, dass es schließlich doch noch eine Erklärungsmöglichkeit für all die Jahre der gefühlsmäßigen Verwirrung geben könnte, misst er den vagen Erinnerungen dann mehr Bedeutung zu. Das Problem dabei ist nur, dass Menschen aus einem gestörten familiären Hintergrund auch bei anderen Erlebnissen als sexuellem Missbrauch ähnliche Symptome zeigen können, wie sie Opfer von sexuellem Missbrauch aufweisen. Deshalb ist es sehr unklug, wenn der Seelsorger Andeutungen macht und damit den Hilfesuchenden in eine bestimmte Richtung drängt, auch wenn er sich fast hundertprozentig sicher ist, dass seine Diagnose richtig ist. Gott kann Erinnerungen zum Leben erwecken – wenn er es für richtig hält. Wenn er dies nicht tut, kann er sehr wohl auch Heilung schenken, ohne die Erinnerungen wieder ins Gedächtnis zurückzurufen. Er hat seinen eigenen Zeitplan und seine eigene Methode.

Wenn wir der Vergangenheit ins Auge blicken, kehrt dies den Schmerz hervor, doch es hilft uns auch, ihn zu bewältigen. Der erste Schritt bei der Lösung dieses Problems ist immer die Trauer. Kinder, die um ihre Verlusterfahrungen weinen dürfen und denen man dabei hilft, echte Trauer zu empfinden, werden ihre ungelösten Traumata nicht erst in zwanzig Jahren an ihrem nichts ahnenden Ehepartner auslassen. Ohne Hilfe und Unterstützung bleibt dem Kind keine andere Wahl, als seinen Verlustschmerz zu verdrängen und den Trauerprozess abzubrechen. Wenn der Schmerz auf diese Art und Weise unterdrückt wird, wird er leider nicht verdaut, ausgeschieden und weggespült. Nein, er bleibt im Körper und wird sozusagen lebendig begraben.

Jeder Mensch, der einen bedeutenden Verlust erfahren hat, weiß, dass Kummer und Leid eine sehr große Macht haben. Die Intensität des verdrängten Schmerzes wird auch mit den Jahren nicht geringer. Stattdessen wird die Energie, die in ihm steckt, in Schutzmechanismen umgelenkt.

Wenn wir uns unseren Verlusten stellen und endlich die angemessene Trauer erleben, die wir zuvor vermieden haben, hat das eine klärende und reinigende Wirkung. Es ist so, als wäre die Seele von einer giftigen Substanz befreit. Viele werden vielleicht vom Verstand her bejahen, dass Trauern sich positiv auswirkt, sie werden aber trotzdem versuchen, diesen heilsamen Prozess zu umgehen. Sie haben Angst davor, den Schmerz, den ihre Verlusterfahrung hervorgerufen hat, erneut oder erstmals wirklich zu empfinden. Möglichst wollen sie sich durchmogeln und versuchen, nur mit ein bisschen Reden davonzukommen. Sie haben diese Gefühle ja ursprünglich unterdrückt, weil sie so übermächtig waren. Die gleiche Angst stellt sich jetzt, Jahre später, wieder ein und der Wunsch, den Schmerz zu vermeiden, ist immer noch genauso stark. Deshalb ist es immer ratsam, die Unterstützung eines Freundes oder Seelsorgers zu haben, wenn man versucht, verdrängte Gefühle wieder ans Licht zu bringen.[6]

Ich erinnere mich noch gut an eine junge Frau, der es sehr widerstrebte, sich mit einer Missbrauchssituation aus ihrer Kindheit auseinander zu setzen. Obwohl sie bereit war, über die Vorfälle zu sprechen, versuchte sie es zu vermeiden, die schmerzvollen Emotionen zuzulassen. Jedes Mal, wenn sie auch nur annähernd in Tuchfühlung mit ihren Gefühlen kam, schaltete sie schnell wieder auf ihren Verstand um und fing an zu *reden*, anstatt den Schmerz zu *fühlen*. Als sie schließlich allen Mut zusammennahm und ihre Gefühle zuließ, als diese an die Oberfläche kamen, weinte sie und rief verzweifelt: »Helfen Sie mir! Ich falle in einen Abgrund!« So hatte es sich die ganzen Jahre über angefühlt und deshalb hatte sie sich ihren Gefühlen gegenüber total verschlossen. Doch sie war nun zwanzig und nicht mehr fünf Jahre alt. Und sie war nicht mehr allein. Gott war bei ihr und sie hatte auch meine Unterstützung.

Andere Bedenken, seine Gefühle an die Oberfläche zu bringen, können aus der Angst entstehen, in einem Sumpf des Selbstmitleides, der Anschuldigungen und der Wut stecken zu bleiben. Es ist ganz natürlich, dass man zuweilen mit solchen Gefühlen zu kämpfen hat. Die »alte Natur« ist ja nicht tot. Sie kann sich jederzeit wieder zurückmelden und ihren Tribut fordern. Wenn jedoch die ursprüngliche Entschlossenheit zur Veränderung groß genug ist, werden diese Gefühle weichen. Wirklich in negativen Gefühlen stecken zu bleiben ist nur eine Gefahr, wenn die eigene Motivation insgeheim auf Rache, Mitleid oder die Veränderung des anderen abzielt.

Fran war eine sehr depressive Frau. Sie hatte einen netten Mann, der sie und die Kinder gut versorgte. Er war jedoch ein eher zurückhaltender Typ, der nur schwer seine Gefühle zum Ausdruck bringen konnte. Fran sehnte sich nach mehr offen ausgedrückter Zuneigung, aber als sie versuchte, ihn dahingehend zu beeinflussen, zog er sich nur noch mehr zurück. Allmählich wurde sie immer deprimierter und war nicht fähig, mit ihrer Enttäuschung richtig umzugehen. Es war eine schmerzliche Situation, aber wenn man sein Glück davon abhängig macht, dass der andere sich ändert, ist die Enttäuschung vorprogrammiert. Und dann verfällt man sehr leicht dem Selbstmitleid.

Wenn man sich jedoch ganz dem Wunsch verschreibt, sich selbst in Gottes Sinne zu verändern, ist man auf dem besseren Weg. Denn man kann den anderen nicht verändern, sondern nur sich selbst. Und wenn dies unsere vorrangige Verpflichtung ist, können negative Gefühle vielleicht eine Zeit lang anhalten, aber sie werden schließlich verschwinden. Der Psalmist schrieb sehr eindrücklich über diejenigen, die sich auf die Reise machen wollen: »Wenn sie durchs Wüstental wandern, brechen dort Quellen auf, und milder Regen macht alles grün und frisch« (Psalm 84,7). Im Tal der Traurigkeit begegnen wir Jesus – dem Mann der Schmerzen; und alles wird gut.

Die Mauern, die wir zum Schutz um unsere Herzen gebaut haben, halten nicht nur die schmerzlichen Gefühle im Zaum, sie halten auch die Liebe Gottes auf Abstand. Wie oft habe ich schon Missbrauchsopfer sagen hören, dass sie die Liebe Gottes nicht empfinden können, dass sie sich gefühlsmäßig tot fühlen. Der Weg heraus besteht darin, mutig zu dem Moment zurückzukehren, in dem das Verbrechen an ihm begangen wurde. Die Tür muss dem ganzen Schrecken, der ganzen Qual, den ganzen Schmerzen offen stehen. Wenn das Kind, das niemals vor Entsetzen schreien und vor Scham weinen konnte, schließlich doch noch seine Gefühle zum Ausdruck bringen darf, kann die Befreiung und Heilung beginnen. Jesus, der außerhalb von Raum und Zeit lebt, wird zu dem Kind in uns kommen, als wäre es im Moment der Bedrängnis selbst. Der Schmerz des Kindes wird zu seinem Schmerz, die kindlichen Tränen zu seinen Tränen, die Scham des Kindes zu seiner Scham.

Wenn wir der Vergangenheit ins Auge blicken, wird Vergebung möglich. Trauer zu empfinden und Heilung zu erfahren sind die ersten Schritte, wenn es darum geht die Kindheitsverluste aufzuarbeiten. Das wiederum öffnet die Tür für die endgültige Bewältigung des Problems an sich. Wenn die Trauer in Gefühlen und Empfindungen ihren Ausdruck findet und Jesus die offene Wunde heilt, dann kann auch die Vergebung aus vollem Herzen folgen.

Wahre Vergebung ist niemals eine schnelle, einfache Sache! Aber ohne sie wird die Vergangenheit nicht bewältigt. Menschen, die ungelöste Fragen aus ihrer Kindheit mit sich herumschleppen, kämpfen sich durch ihr Leben, als würde eine schwere Last sie in Ketten legen und zu Boden drücken. Auch wenn bereits viel darüber geschrieben worden ist, wie wichtig Vergebung ist, herrscht doch viel Verwirrung über dieses Thema und es wird gern auf die lange Bank geschoben.

Wahre Vergebung heißt, unsere Rachegedanken aufzugeben. Auf einer Konferenz wurde ich vor kurzem auf einen Mann um die vierzig aufmerksam. Während der ganzen Tagung schaute er verdrießlich und mürrisch drein. Später erfuhr ich dann, dass sein Leben total aus den Fugen geraten war. Sein Vater war anscheinend ein sehr grober Mann gewesen und seine Kindheit war alles andere als erfreulich. Er fragte mich, ob es ein Buch über gestörte Familien gäbe, das er seinen Eltern zukommen lassen könnte, damit sie wüssten, wie viel Leid sie ihm zugefügt hatten. Er hatte fast dreißig Jahre in Groll und Bitterkeit gegen sie verharrt und sein einziger Wunsch bestand darin, sie zu bestrafen. »Ich kann ihnen erst vergeben, wenn sie wissen, was sie mir angetan haben«, meinte er.

»Aber was, wenn sie es nie begreifen?«, antwortete ich.

Ich merkte, wie er die nächsten Tage mit seinem Wunsch kämpfte, sich zu rächen, und mit dem Bestreben, Gott gehorsam zu sein. Zuletzt habe ich ihn gesehen, wie er weinte und jemand mit ihm betete. Ich möchte gern glauben, dass er doch noch Gottes sanften Schubsern nachgab und von seiner fehlenden Vergebungsbereitschaft befreit wurde, die ihm so viele Qualen bereitete.

Vergebung ist eine Verpflichtung, kein frommes Beiwerk, das wir nach Lust und Laune anwenden oder eben nicht. Wir haben den *Auftrag*, zu vergeben. Eine unserer Ängste besteht aber darin, dass wir dem anderen die Macht und Erlaubnis geben könnten, uns erneut zu verletzen, wenn wir ihm vergeben. Tatsächlich ist jedoch das Gegenteil der Fall. Wenn wir *nicht* vergeben, fügen wir uns weitere Wunden und Abhängigkeiten zu. Wenn wir dagegen Vergebung üben, werden wir von der Macht des Übeltäters befreit.

»Die tief verletzte Seele fürchtet sich davor, dem Übeltäter zu vergeben, weil sie denkt, dass sie, falls sie dies tut, wieder unter die Macht des Bösen gerät. Wenn wir zwar das Böse hassen, aber den Übeltäter von unserer Unversöhnlichkeit freisetzen, so bedeutet das nicht, dass wir unter seiner oder ihrer Macht bleiben. Stattdessen erhalten wir die Kraft Christi, die Auswirkungen, die das Böse auf uns hat, zu besiegen und völlig zu überwinden.«[7]

Es ist gut, wenn wir uns selbst daran erinnern, dass der menschliche Wille sozusagen den Eilzug nimmt, die Gefühle aber den Bummelzug. Es kann dauern, bis versöhnliche Gefühle von unserem Kopf in unser Herz sinken. Ein Mädchen erzählte uns von den Alpträumen, die sie vor kurzem gehabt hatte. Wann immer jemand mit ihr betete, fühlte sie körperliche Schmerzen als Nachwirkung. Sie berichtete uns von ihrer traumatischen Kindheit, fügte aber auch hinzu, dass sie all denen vergeben hatte, die sie so verletzt hatten. Das hatte sie vor drei Jahren aus dem Gehorsam gegen Gott heraus getan, als sie Christ geworden war; sie hatte es also mit dem Kopf entschieden. In den darauf folgenden Monaten führte Gott an den Gefühlen dieses Mädchens – um im Bild zu sprechen – einen Eingriff am offenen Herzen durch. Es war zwar sehr schlimm für sie, sich dem eigentlichen Schmerz zu stellen, aber als sie es erst einmal getan hatte, war sie fähig, die Vergebung auch gefühlsmäßig zu empfinden – dieses Mal in dem vollen Wissen und mit dem vollen Verständnis für das ganze Ausmaß des Traumas.

Vergebung ist mehr als nur eine Entscheidung, mehr als Worte, mehr als Gefühle. Vergebung ist auch eine *Tat*. Vergeben heißt, dass man möchte, dass die Beziehung wiederhergestellt wird, wo dies möglich ist. Das heißt aber nicht, dass man sich wieder den Verletzungen aussetzen muss. Vielleicht müssen in einer Beziehung sichere Grenzen gezogen werden.

Ein junger Mann, dessen Vater ein sehr verletzender, wütender Mann war, erzählte mir, dass er bei seinen Besuchen zu Hause die Zeit immer begrenzen musste, die er mit seinem Vater verbrachte. Er nannte seinen Vater »meinen geliebten Feind«. Er hasste seinen Vater nicht mehr und wollte ihn auch nicht mehr bestrafen, er wusste jedoch, dass er zu seinem Schutz einen Sicherheitsabstand halten musste, wenn sein Vater sich nicht änderte.

Leanne Payne schreibt: »Eine der besten Möglichkeiten, böswillige Menschen zu lieben, besteht darin, dass wir um uns herum die richtigen Grenzen ziehen. [...] Um solche Grenzen aufzurichten, müssen wir lernen, die Wahrheit objektiv und mit Bedacht auszusprechen, nicht um einen solchen Menschen aus unserer Kraft heraus verändern zu wollen, sondern um den einzigen Maßstab der Wahrheit aufzurichten, durch den sowohl der Täter als auch das Opfer Erlösung und Freiheit finden können. Um zur völligen Heilung zu gelangen, müssen wir uns gegen die Illusion und für die Realität entscheiden. Statt die Lüge zu wählen, müssen wir die Wahrheit wählen, statt der Hölle den Himmel.«[8]

Wenn der Übeltäter natürlich weiterhin seinen bösen Wegen folgt, kann es sein, dass wir die Kommunikation ganz abbrechen müssen. Zugleich sollten wir darum beten, dass es bei der betreffenden Person zu einer Veränderung kommt, damit eines Tages eine Wiederherstellung der Beziehung erfolgen kann.

Vergebung bedeutet dabei nicht nur, dass wir den Wunsch haben, dass die Beziehung wiederhergestellt wird, sondern auch, dass wir wollen, dass diese Person von Gott gesegnet wird. Dan B. Allender nennt dies die »tapfere Liebe«. Es bedeutet, dass wir alles in unserer Macht Stehende tun, um Gottes Gnade und Rettung dem nahe zu bringen, der uns verletzt und missbraucht hat.

»Liebe ist eine mächtige Kraft und Energiequelle, um das Potenzial an Gutem in einem anderen zu Tage zu fördern – auch auf die Gefahr hin, dass das mit großen Opfern verbunden ist.«[9] Es kann bedeuten, dass man dem Betreffenden einen ehrlichen Brief schreibt. Es kann bedeuten, dass man für ihn betet. Es kann bedeuten, dass man ihn besucht. Was auch immer es ist, es wird einen etwas kosten.

Jesus bekräftigte gegenüber seinen Jüngern: »Ich versichere euch: Das Weizenkorn muß in die Erde fallen und sterben, sonst bleibt es allein. Aber wenn es stirbt, bringt es viel Frucht. Wer sein Leben liebt, wird es verlieren. Wer aber sein Leben in dieser Welt geringachtet, wird es für das ewige Leben bewahren« (Johannes 12,24-25). Unsere Rachsucht aufzugeben, uns um Versöhnung zu bemühen, Gott zu bitten, unsere Feinde zu segnen – all das sind kleine

Tode unserer natürlichen Neigungen. Doch es wird eine Zeit kommen, in der dieses Opfer reiche Frucht tragen wird.

Menschen zu vergeben, die achtlos mit unseren Gefühlen umgegangen sind oder uns vernachlässigt und missbraucht haben, wird in dem Moment für uns einfacher, wenn wir unsere eigene Fehlerhaftigkeit erkennen. Wenn unsere Augen dafür geöffnet werden, wie wir Gott und andere durch unsere fehlende Liebe, durch unsere Art zu kommunizieren und durch unsere Selbstsucht verletzt haben, dann stehen Täter und Opfer auf derselben Stufe und bedürfen beide Gottes Hilfe. Ohne diese Erkenntnis unserer eigenen Unzulänglichkeiten wird die Heilung, die wir erfahren haben, nur von kurzer Dauer sein. Die zerstörerische Art, wie wir mit anderen umgehen, muss einem christusbezogenen Verhalten weichen.

Sich der Gegenwart stellen ...

Nachdem wir die Vergangenheit bewältigt haben, so gut es geht, müssen wir uns der Gegenwart zuwenden. Zunächst muss der »tapfere« Reisende seinen Blick wieder auf Jesus richten, den Anfänger und Vollender des Glaubens. Dann muss er seine Entscheidung für eine Veränderung und für die Wahrheit neu bekräftigen. Um Veränderungen zu ermöglichen, muss er die gewohnheitsmäßigen Mechanismen und Strategien unter die Lupe nehmen, mit denen er versucht, sich selbst zu schützen.

Auf den ersten Blick kann die Wahrheit ziemlich ernüchternd sein. Das dürre Tal hat man gerade erst hinter sich gelassen und nun scheint sich eine riesige Bergkette vor einem aufzutun. Aber der müde Pilger kann neuen Mut fassen: Es gibt einen Weg, der hindurchführt. Der Fortschritt kann dabei anhand bestimmter Meilensteine genau gemessen werden.

1. Meilenstein: Buße

Der Veränderungsprozess beginnt erst richtig mit der Buße. Sie ist so notwendig für unsere Veränderung, wie die Vergebung es für unsere Heilung ist. Nur eine echte Umkehr ermöglicht dauerhafte positive Veränderung. Im ganz normalen Alltagsleben genügt ein kurzes, schnelles Eingeständnis eines Fehlers, um eine unmittelbare Verhaltensänderung herbeizuführen – die so schnell vor sich geht, dass wir es kaum wahrnehmen. Aber auf unserer geistlichen Wanderschaft muss ein Eingeständnis unserer Fehler mehr sein als nur eine verstandesmäßige Anerkennung unserer Schuld. Sie muss vielmehr eine von Herzen empfundene Traurigkeit und eine tiefe Abneigung gegen unsere selbstsüchtigen Vorstellungen sein.

Ein solcher Sinneswandel stellt eine innere Veränderung unserer Einstellungen dar. Dabei erkennen wir an, dass unsere Selbstschutzmechanismen zur Schmerzvermeidung uns nicht das wirkliche Leben gebracht haben. Sie haben uns nicht zu bedeutungsvollen, sinnerfüllten Beziehungen verholfen. »Buße ist der Prozess, bei dem wir tief im Innern den göttlichen Ruf zur Liebe annehmen, dem wir jeden Augenblick und in jeder Beziehung ausweichen. Diese Gesetzmäßigkeit trifft im Übrigen auch auf diejenigen zu, die auf schmähliche Weise zum Opfer wurden.«[10]

Es sollte an dieser Stelle noch einmal betont werden, dass niemand dazu aufgefordert wird, für irgendein Verbrechen, das gegen ihn begangen wurde, Buße zu tun. Kein Kind ist daran schuld, wenn es von einem Erwachsenen missbraucht worden ist. Der Aufruf zur Buße hat lediglich etwas mit einer Veränderung des Herzens zu tun, die sich auf Gott und den Mitmenschen auswirkt. Wir haben uns selbst Schaden zugefügt, indem wir Gott nicht von ganzem Herzen vertraut, ihn nicht geliebt haben und nicht liebevoll mit unseren Mitmenschen umgegangen sind.

Der normal sterbliche Mensch würde sich in seiner Einsamkeit entweder zu einer hoffnungslosen Selbstverdammung hinreißen lassen oder »aussteigen« und jegliche Verantwortung für sein Tun abstreiten. Nur Gott kennt die wahre Motivation in unserem Herzen und führt uns zu einer ehrlichen Umkehr. Das braucht in der Regel Zeit. Nach und nach wird Gott unsere destruktiven Verhaltensweisen und Einstellungen ans Licht bringen, die eigenmächtigen Strategien und rebellischen Reaktionen, die ein Netz um uns gebildet haben, das uns nicht schützt, sondern behindert. Es ist die Barmherzigkeit Gottes, die uns an den Punkt bringt, an dem wir diese Dinge als Sünde erkennen und bekennen.

Buße heißt, unsere Sünden zu erkennen und zu bekennen. Die Bibel stellt Folgendes ganz klar: »Wenn wir aber unsere Verfehlungen eingestehen, können wir damit rechnen, daß Gott treu und gerecht ist: Er wird uns dann unsere Verfehlungen vergeben und uns von aller Schuld reinigen, die wir auf uns geladen haben« (1. Johannes 1,9-10). Es steckt Kraft im Eingeständnis unserer Fehler, besonders, wenn wir es laut vor einer anderen Person tun. Jakobus ermutigt uns dazu, unsere Sünden auszusprechen, sie einander zu bekennen und für einander zu beten (Jakobus 5,16). Der Teufel setzt auf die Dinge, die sich im Dunkeln abspielen. Wenn wir unsere Sünden bekennen, bringen wir sie ans Licht, wo der Teufel keine Macht mehr über sie haben kann.

Eine Freundin von mir hatte ihr ganzes Leben lang mit ihrer Unpünktlichkeit zu kämpfen. Sie hatte oft versucht, sich dieses störende Verhalten abzugewöhnen, aber ohne Erfolg. Sie hat auch weiterhin Züge, Busse und Flugzeuge verpasst und kam auch weiterhin zu spät zu allen Verabredungen. Eine Veränderung trat erst ein, als Gott sie eines Tages nicht der Unpünktlichkeit überführte, sondern der Heuchelei: »Wenn du wirklich die Menschen liebst, wie du behauptest, würdest du nicht zu spät kommen.«

Sie war am Boden zerstört und bereute ihr Verhalten sehr. Etwas später war sie mit einem anglikanischen Priester verabredet. Während ihres Gespräches fragte sie ihn, ob er ihr die Beichte abnehmen wolle, was er auch tat. Er sprach ihr Vergebung zu. Und nach dieser Begebenheit bemerkte sie einen wirklichen Unterschied zu vorher, wo sie immer wieder versucht hatte, sich selbst zu ändern. Ungefähr zehn Minuten, bevor sie zu einer Verabredung aufbrechen sollte, hatte sie danach immer den Eindruck, als ob Gott ihr einen Schubs geben würde.

»Ich habe immer noch die Wahl, alles stehen und liegen zu lassen und pünktlich zu sein oder das Treffen außer Acht zu lassen und zu spät zu kommen. Aber die richtige Entscheidung fällt mir jetzt leichter«, meint sie. Da sie beschlossen hat, dem sanften Wink Folge zu leisten, hat die Gewohnheit ihre Macht verloren. Heute gehören Verspätungen für sie im Allgemeinen der Vergangenheit an.

Buße heißt, Gottes Barmherzigkeit anzunehmen. Gott ist wirklich barmherzig. Er tut das für uns, was wir selbst nicht tun können. Er vergibt unsere Sünden. Er heilt unsere gebrochenen Herzen. Er kommt uns zu Hilfe. Ohne Gottes Gnade und Barmherzigkeit würden wir in einem Sumpf der Hoffnungslosigkeit versinken. Ohne Gottes Hilfe würden wir nie in der Lage sein, anhaltende Veränderungen zum Besseren vorzunehmen. »Es geschieht mitten in der Dunkelheit unserer äußersten Hilflosigkeit, dass das Wunder der Gnade Gottes mit seiner größten Schönheit in unseren Seelen anbricht.«[11]

An dem Tag, an dem David mich fragte, ob ich ihn heiraten wolle, lasen wir zusammen Kapitel 8 im Römerbrief. Das Kapitel beginnt mit »keine Verdammnis« und endet mit »keine Scheidung«. In all den Jahren meines Dienstes habe ich diese Botschaft von der Gnade mehr in meinen Gedanken und auf meinen Lippen bewegt als irgendeine sonst. Gott überführt uns nicht der Sünde, um uns der Verzweiflung zu überlassen, sondern um uns an einen Ort zu führen, wo er uns seine Gnade schenken kann. Es gibt keine bessere Nachricht. Welch unglaubliche Erleichterung zu wissen, dass wir nicht den Rest unseres Lebens im Abseits stehen, sondern Gottes Vergebung bekommen können. Wir sind von seiner Gnade umgeben, noch bevor wir unser Bekenntnis zu Ende gesprochen haben. Dann – als ob das noch nicht genug wäre – kommt er, um uns aufzuhelfen und uns zu versichern, dass uns nichts von seiner Liebe scheiden kann.

Buße heißt, aktiv zu werden. Wahre Umkehr aktiviert Gottes Barmherzigkeit. Sie setzt auch in uns Energien frei, damit wir die entsprechenden Änderungen vornehmen können. Da ja unsere Fehlererkenntnis auf einer rein verstandesmäßigen Ebene abläuft, fehlt ihr noch die Kraft, Taten hervorzubringen. Buße und Trauer sind es, die uns dazu bewegen, alles Ungöttliche zu hassen, und die Entschlossenheit bewirken, heil zu werden.

Wenn wir uns einen Moment Zeit nehmen, um bewusst über mögliche Veränderungen nachzudenken, kann es hilfreich sein, wenn wir uns daran erinnern, dass es nicht einfach werden wird – selbst für den frömmsten Pilger nicht. Und dieser Veränderungsprozess wird auch nie abgeschlossen sein. Paulus schrieb den Brief an die Philipper an seinem Lebensende. Darin heißt es: »Ich meine nicht, daß ich schon vollkommen bin und das Ziel erreicht habe. Ich laufe aber auf das Ziel zu, um es zu ergreifen, nachdem Jesus Christus von mir Besitz ergriffen hat« (Philipper 3,12). Und im gleichen Brief schreibt er andererseits auch: »Ich habe gelernt, in jeder Lage zurechtzukommen ... Allem bin ich gewachsen durch den, der mich stark macht« (Philipper 4,12-13).

Zum einen brauchen wir seine Stärke, weil wir in dem

Moment auf Widerstand stoßen, in dem wir einen Schritt in die richtige Richtung tun und versuchen, unsere Überlebensstrategien abzulegen. Es ist unsere eigene Angst davor, unsere erprobten Abwehrmechanismen gegen den Schmerz loslassen zu müssen.[12] Wir mögen zwar einige beachtliche Heilungserfahrungen mit Jesus gemacht haben und verstandesmäßig ist uns klar, dass schon sehr vieles in unserem Leben geschehen ist. Und doch ist da die Angst, verletzlich und ungeschützt zu sein, wenn Menschen uns verstoßen, verachten oder enttäuschen.

Der Psychiater in Scott Pecks Roman »A Bed By the Window« (Ein Bett am Fenster) erklärt einer seiner Patientinnen, wie es zu diesem Widerstand gegenüber Veränderungen kommt. »Jeder, der in die Therapie kommt, behauptet, dass er sich ändern will – und fängt dann an, sich so zu verhalten, als ob das Letzte, was er tun will, eine Veränderung wäre. Die Neurose schlägt immer zurück.«[13] Er erklärt weiter, dass die Neurose anscheinend ein Eigenleben führt und versucht, sich quasi selbst am Leben zu erhalten. Er macht seiner Patientin dann deutlich, dass sie umso besser gegen ihren eigenen inneren Widerstand ankämpfen kann, je bewusster er ihr ist.

Aber genau an dem Punkt stolpern so viele Reisende auf ihrem Weg. Mein Freund Roger war so jemand. Wenn er die Gelegenheit hatte, gegenüber Leuten offener und verletzlicher zu sein, fiel er automatisch in seine alten »Gewohnheitslügen« und Schutzmechanismen zurück. Zuerst wurde er kühl und distanziert. Dann nahm er die Rolle des Dominanten und Überlegenen ein, der unbezwingbar ist. Obwohl er wusste, dass sein gewohnheitsmäßiges Verhaltensmuster keine Aussicht auf Erfolg hatte, wenn es darum ging, den Menschen näher zu kommen, hielt ihn seine Angst vor Veränderungen davon ab, auch nur das kleinste Risiko einzugehen.

Als Kind nahm ich jedes Jahr am hiesigen Reitturnier teil. Im Springwettbewerb kam es schon mal vor, dass mein

Pony vor einem etwas schwieriger erscheinenden Hindernis verweigerte. Man hatte drei Versuche, bevor man aus dem Wettbewerb ausscheiden musste. Deshalb versuchte ich es nach einer Verweigerung immer noch einmal und manchmal klappte es dann auch im zweiten oder dritten Anlauf. Gott ist noch viel großzügiger als der Richter beim Springturnier. Er gestattet uns, es immer und immer wieder zu versuchen. Er kennt unsere Schwäche und feuert uns deshalb nicht nur als Zuschauer an, sondern hilft uns aktiv dabei, unsere Angst zu überwinden.

2. Meilenstein: Beharrlichkeit

Für Menschen wie Roger ist *Beharrlichkeit* das A und O. Dies und das Wissen darum, wofür er sich einmal entschieden hat. Jesus nachzufolgen bedeutet, dass wir unser Kreuz täglich auf uns nehmen und ihm folgen – und nicht versuchen, unser kleines verkorkstes Leben zu retten, sondern bereit dazu sind, es um Jesu willen zu verlieren ... zu unserem eigenen Besten.

Mein persönlicher Schutzmechanismus bestand immer darin, dass ich die »starke Frau markieren« wollte. Nach meiner Ankunft im Internat im Alter von neun Jahren entdeckte ich recht bald, dass man an diesem Ort hart gesotten sein musste. Seit meiner Kindheit haben mir meine persönlichen Überzeugungen die gleiche Botschaft zugespielt: »Trau keinem. Es ist eh niemand da, wenn du mal jemanden brauchst.« Als ich erkannt hatte, dass diese Einstellung nicht zu einem Kind Gottes passte, fing ich an, meine Selbstschutzmechanismen abzulegen. Zuerst erschien mir das total verrückt – schlimmer noch, ich hatte den Eindruck, ich würde emotionalen Selbstmord begehen. Ich entdeckte jedoch, dass etwas Erstaunliches passierte, wenn ich tatsächlich einmal innerlich losließ. Immer dann, wenn ich mich dafür entschied, verletzlich zu bleiben, statt mich zurückzuziehen, erfuhr ich die Liebe und das Verständnis anderer. Auch wenn es mal vorkam, dass mir der andere nicht so liebevoll begegnete wie erhofft, empfand ich das nicht als so schmerzhaft, wie ich befürchtet hatte. Ich stellte bei mir selbst eine innere Widerstandsfähigkeit fest, die Fähigkeit, weiterhin anderen zu vertrauen – trotz ihrer und meiner eigenen Unvollkommenheiten.

In unserem Bemühen, uns zu ändern, müssen wir an unseren Grundeinstellungen arbeiten. Viele behaupten zwar, dass die eigenen Wertvorstellungen keineswegs abwegig sind. Was jedoch dabei bedacht werden muss, ist, dass sich die meisten dieser Überzeugungen in der Kindheit herausgebildet haben, dass die Sichtweise eines Kindes sehr begrenzt ist und dass ein Kind Ereignisse leicht falsch interpretiert.

Ein Mädchen erzählte mir, dass sie sicher sei, dass bestimmt keiner sie gern haben könnte, wenn er sie wirklich kennen würde. Sie sah sich als schlimmen Menschen an. Nach Jahren der verbalen Misshandlungen durch ihren Vater war sie zu dieser Überzeugung gelangt. Aber wie real diese Erfahrung für sie auch gewesen sein mag, es war dennoch eine sehr begrenzte Sichtweise. Jedes Kind glaubt, dass seine Eltern im Recht sind, und deshalb ist die Interpretation des Mädchens ganz und gar verständlich – und dennoch nicht korrekt. Sie musste im Licht des Wortes Gottes neu bewertet werden.

Sandy wuchs mit dem Gefühl auf, ungeliebt und unwichtig zu sein. Nichts, was sie tat, schien ihre Eltern je dazu zu bewegen, sie zu lieben und zu schätzen. Die Schlussfolgerung, die sie daraus nach Jahren vergeblicher Bemühungen zog, war, dass sie es wohl einfach nicht wert war, geliebt zu werden. Diese Überzeugung fasste in ihrem Herzen Fuß und bestimmte bald ihr ganzes Leben. Als Erwachsene richtete sie ihr Leben ganz auf den Erfolg aus. Sie arbeitete auf jede nur erdenkliche Art und Weise daran, jemand zu werden, den die Menschen liebten und schätzten. Sie war dazu entschlossen, sich selbst liebenswert zu machen – komme, was da wolle. Ihre Außenwelt stellte ihr Denksystem überhaupt nicht in Frage. Selbst als sie schließlich Christ wurde, war sie immer noch davon überzeugt, dass sie sich die Liebe und Anerkennung anderer erarbeiten müsste. Ihr Konfliktbewältigungsmechanismus war schon so zur Gewohnheit geworden, dass sie ihn beibehielt, selbst als sie verstanden hatte, dass Gott sie bedingungslos liebte. Ein Teil von ihr sah das Leben immer noch mit den Augen des Kindes, das sie einmal gewesen war. Nun gehörte sie zu Gottes Familie und das Kind musste von Gott selbst die Wahrheit hören.

Erst wenn wir uns immer und immer wieder seinem Wort und dem Wirken des Heiligen Geistes öffnen, werden wir schließlich die veralteten und lähmenden Überzeugungen ablegen können, an die wir geglaubt haben.

Manchmal halten wir aber auch an unseren alten Auffassungen fest, weil sie uns in irgendeiner Form nützen. Die falsche Sichtweise kann uns vor Schmerzen schützen oder uns ein gewisses Vergnügen bereiten. Wenn dem so ist, müssen wir uns der Tatsache stellen, dass wir an eine Lüge geglaubt haben, weil es unserer eigenen Bequemlichkeit dienlich war. Wir müssen dann die Entscheidung treffen, diesen Irrtum abzulegen und die Wahrheit herauszufinden.

Ich erinnere mich noch an eine Dame, die mir gegenüber einmal ganz kategorisch behauptete, dass Männer schwach sind. Ich schlug ihr vor, sie solle diesen Satz doch abmildern: »Einige Männer sind schwach.« Aber sie beharrte darauf, dass sie Recht hatte und dass alle Männer schwach wären. Ich nannte ihr mehrere Männer, die wir beide kannten, und behauptete, dass dies keine schwachen Männer wären. Sie sah mich ungläubig an. »Na«, meinte sie, »wenn ich diese Männer besser kennen würde, könnte ich sicherlich genau sehen, dass sie auch schwach sind.« Anscheinend hatte diese Frau einen sehr sanften, schüchternen Vater gehabt und hatte sich in ihrer Kindheit ihre Meinung über Männer gebildet. Ich fragte mich, was für einen Nutzen eine so offenkundig irrationale Haltung für sie haben konnte. Vielleicht hielt ihre Verachtung von Männern sie davon ab, ihnen zu vertrauen. Dies wiederum bedeutete, dass sie auch nie von ihnen enttäuscht werden konnte wie von ihrem sanften Vater.

Sicher ist Rogers Einstellung, dass Menschen einen verletzen und man ihnen deshalb nicht trauen kann, eine Einstellung, die ihn vor zu viel Nähe bewahrt. Intimität ist für ihn etwas Beängstigendes und Bedrohliches. Die Nähe zu einem Menschen würde diesem die Möglichkeit geben herauszufinden, dass Roger eine wertlose Person ist – und das ist der andere Irrglaube, dem er verfallen ist. Wenn er diese Überzeugungen nicht mit der Liebe und Wahrheit Gottes konfrontiert, wird er sicherlich nicht weit kommen auf seiner Reise.

Ein anderes Problem sind unsere gewohnheitsmäßigen Reaktionsmuster. In der Überzeugung, die wir als Kind aus der Not heraus entwickelt haben, mag zwar noch ein Körnchen Wahrheit stecken, aber mehr wahrscheinlich auch nicht. Anstatt uns also selbst einzureden, dass nie jemand da ist, wenn wir jemanden brauchen, müssen wir uns selbst daran erinnern, dass Menschen fehlbar sind, dass wir aber trotzdem das Risiko eingehen sollten, es zu versuchen. Und dann entdecken wir, dass in 90 Prozent der Fälle die Menschen sich als prima Freunde entpuppen und da sind, wenn es gilt – vielleicht nicht genau auf die Art und Weise, wie ich es mir vorgestellt habe, aber sie sind da, was uns für die restlichen 10 Prozent entschädigen sollte, die uns durch ihre menschlichen Schwächen enttäuschen. Die positiven Auswirkungen dieser neuen Entscheidungsweise werden sich an engeren Beziehungen, einer größeren Hilfsbereitschaft und einer zunehmenden Offenheit und Freiheit messen lassen.

Unser Widerstand dagegen liegt aber nicht nur an unserer Angst vor schmerzlichen Erfahrungen, sondern auch an unserer Angst vor dem Unbekannten, Ungewissen: »Wie wird bloß alles werden? Wie wird es sein? Wie werden sich die Veränderungen an mir bemerkbar machen? Wer werde ich sein?«

Doch wie lange die Reise auch dauern und wie schwierig sie auch sein mag, das Durchhalten lohnt sich, damit wir in die Freiheit gelangen! Wir können jetzt noch nicht mit Bestimmtheit sagen, wie sie aussehen oder sein wird. Alles, was wir darüber sagen können, ist, dass wir Jesus ähnlicher sein werden, auch wenn uns das nicht bewusst sein wird, und dass es uns zu einer engeren Gemeinschaft mit anderen und mit Gott führen wird.

Sobald wir eine Veränderung in Angriff genommen haben, steht es auch in unserer Verantwortung, sie beizubehalten. Natürlich müssen wir nicht krampfhaft auf Veränderungen hinwirken, aber ganz ohne Eigeninitiative kann schon bald alles im Sand verlaufen.

Es ist deshalb wichtig, dass wir offen sind für Anregungen und Anstöße anderer. Unsere Freunde müssen wissen, dass uns etwas an Veränderungen liegt und dass wir deshalb ihren Rat und ihre Korrektur gerne annehmen. Gottes Wort kann uns eine weitere Quelle der Richtungsweisung sein. Wir sollten uns regelmäßig allein und gemeinsam mit anderen der Wahrheit der Bibel stellen. Die Reise ist ohne Reisebegleiter zu mühsam und zu beschwerlich. Wir brauchen die Gewissheit, dass andere vor uns schon diesen Weg gegangen sind.

Als wir einmal in einer dünn besiedelten Gegend im Süden Chiles allein auf einer wenig befahrenen Piste unterwegs waren, wurden wir dadurch getröstet, dass wir frische Spuren eines anderen Fahrzeuges sahen. Jemand hatte diesen Weg schon vor uns eingeschlagen!

Im folgenden Kapitel geht es um die Erfahrungen, die Val gemacht hat. Sie erzählt über den Abschnitt ihrer Reise, in dem sie sich mit einigen größeren Blockaden auseinander setzen musste. Dabei ist es besonders ermutigend zu sehen, wie Gott helfend eingegriffen hat – der Gott, der uns »eine Hilfe in den großen Nöten « ist (Psalm 46,1).

Kapitel 9

Verletzlichkeit ist der Schlüssel

Die Prinzipien für Wachstum und Veränderung aufzuzeigen ist eine Sache – sie in die Praxis umzusetzen eine ganz andere!

Val erzählt ihre Lebensgeschichte sehr frei und offen. Sie zeigt klar die Strecke auf, die sie vor sich hatte, als sie um Hilfe bat, die Schritte, die sie zu tun hatte, die Steine, die sie am Wachstum hinderten sowie die übernatürliche Hilfe, die sie auf ihrem Weg erfuhr.

Jeder ist für sein eigenes Wachstum verantwortlich. Niemand sonst kann die Veränderungen in Ihrem Leben für Sie vornehmen. Es ist aber immer hilfreich, mit einem anderen Christen zu reden und zu beten, der diesen Weg schon gegangen ist. Val hatte diese Möglichkeit und sie nahm sie an. Das ist natürlich noch nicht alles. Es half ihr aber, einige der grundlegenden Hindernisse in ihrem Leben auszuräumen. In der Folge geschahen größere Veränderungen, die sie dann in ihrem täglichen Leben umsetzen musste. Da sie einer christlichen Gemeinde angehörte, konnte sie bei Bedarf weitere Hilfe in Anspruch nehmen. Man könnte dies mit einem Kreiselspiel vergleichen, bei dem der Kreisel ab und zu etwas neuen Schwung braucht, um sich weiterdrehen zu können.

Vals Lebensbericht hat eigentlich nichts mit den vorangegangenen Kapiteln zu tun. Ihr Beispiel ist jedoch, wie Sie sehen werden, ziemlich typisch, obwohl die verschiedenen Heilungsschritte nicht mit der Reihenfolge übereinstimmen, wie wir sie gemeinsam erarbeitet haben.

Einer der Eckpfeiler unseres Gebets- und Seelsorgedienstes ist die Führung durch den Heiligen Geist. Anstatt unserem eigenen Gutdünken zu folgen, versuchen wir, Gott wirken zu lassen und dahin zu folgen, wohin er uns führt. In der Seelsorge an Val sah er es als notwendig an, zuerst an ihrer fehlenden Vergebungsbereitschaft und ihrer Überlebensstrategie zu arbeiten, bevor er anfing, ihre Vergangenheit zu heilen – was verständlich war, denn die Sünde war anfänglich der Grund für Val, Gottes Hilfe zu suchen.

Ein weiterer Punkt, dem wir hier noch Beachtung schenken sollten, ist, dass Val ihr Leben nach Gott ausrichten wollte. Sie ließ nicht einfach ihre Seelsorger an ihrer Stelle beten, sondern suchte selbst nach Gott. Deshalb geschah auch außerhalb der Beratungsstunden sehr viel Heilung bei ihr. Wenn jemand bereit ist, sich auf Gott einzulassen, kommt es zu Heilung und Veränderung. Ich möchte an dieser Stelle betonen, dass in der christlichen Seelsorge, bei der das Ziel das Wachstum des Christen ist, ein Hunger nach Gott vorhanden sein sollte. Andernfalls wäre es besser, die Seelsorge noch zu verschieben, bis diese Sehnsucht sich eingestellt hat.

Die folgenden Überschriften stammen zwar von mir, der Lebensbericht aber aus dem Munde von Val.

Vals Gründe für eine seelsorgerliche Beratung

Val berichtet: Als ich darum bat, dass jemand mit mir beten sollte, lag das hauptsächlich daran, dass ein innerer Schmerz mich in den Gottesdiensten belastete. Das führte in der Regel dazu, dass ich den größten Teil des Gottesdienstes damit verbrachte, mich selbst zu beruhigen. Ich hätte mich zu diesem Zeitpunkt noch sehr geschämt, wenn ich in der Öffentlichkeit losgeheult hätte. Andererseits war mir aber auch sehr bewusst, dass ich eine Reihe emotionaler Probleme hatte und Hilfe brauchte. Der Schmerz, den ich empfand, verstärkte diesen Wunsch nur noch mehr. Meine Probleme sahen ungefähr so aus:

1. Ich war unfähig zu einer gesunden Beziehung mit meinen Eltern. Die Beziehung zu meiner Mutter war dabei extrem belastend und destruktiv. Ich hatte manchmal Panikattacken, nachdem ich mit ihr gesprochen hatte, und vor jedem Besuch bei ihr wurde ich total hektisch.
2. Ich hatte ein schwerwiegendes Problem mit Zurückweisungen. Wenn ich das Gefühl hatte, zurückgewiesen oder abgelehnt zu werden, hatte ich immer sehr große Schwierigkeiten, damit vernünftig umzugehen. Es kam nicht selten vor, dass ich mich in einem Abgrund des Schmerzes verlor und schließlich das Gefühl hatte, dass ich sterben müsste. Manchmal plante ich schon meinen Selbstmord. Auf jeden Fall stellte ich mir immer die Frage nach meiner Daseinsberechtigung. Es gab Zeiten, in denen ich deswegen völlig unfähig war, mit anderen zu kommunizieren, geschweige denn zur Arbeit zu gehen.
3. Ich hatte das Gefühl, eine gespaltene Persönlichkeit zu haben. Ich hatte den Eindruck, dass mein gesamtes Leben im Vergleich zu meinem inneren Selbst völlig aus dem Takt geraten war.
4. Ich hatte immer wieder das Gefühl, in Freundschaften ausgenutzt zu werden, und das stimmte auch oft. Zum Beispiel geriet ich immer wieder in kodependente Beziehungen und fühlte mich dann von der Eigendynamik, die sich dabei entwickelte, überrollt und gefangen genommen.

Vals Vorgeschichte und die Wurzeln ihres Problems

Um es kurz zu fassen: Ich hatte sehr gebildete Eltern (Akademiker), die eigentlich gar nicht an Kindern interessiert waren. Emotional waren beide recht kühl und distanziert. Meine Mutter wurde schwanger, als sie noch zur Uni ging, und so musste sie ihr Studium unterbrechen. Sie hoffte, eine Fehlgeburt zu haben, und sie hätte sicherlich eine Abtreibung erwogen, hätte es diese Möglichkeit damals schon gegeben. Sie machte daraus kein Geheimnis, und wenn sie wütend war, setzte sie diesen Umstand sogar als Waffe gegen mich ein. Sie nahm dies auch nie zurück, so dass das Gefühl, dass ich eigentlich gar nicht hätte geboren werden dürfen, noch verstärkt wurde. Sie beschuldigte mich obendrein noch, dass ich mit meiner bloßen Existenz ihr Leben ruiniert hätte.

Es gab nie eine richtige Bindung oder echte Beziehung zwischen uns. Meine Mutter wusste überhaupt nicht, wie sie es anstellen sollte, mich zu lieben. Sie kümmerte sich pflichtbewusst um meine äußeren Bedürfnisse, doch mein erstes Grundgefühl ihr gegenüber war Angst. Ich war nur ein Ballast für meine Eltern und da ich recht genügsam, wenig anhänglich und relativ unabhängig war, kam ihnen das gerade recht und sie bestärkten mich darin. Wenn ich misshandelt wurde, so geschah das nicht durch Schläge, Sex oder Beschimpfungen, sondern dadurch, dass meine Eltern überhaupt keine Beziehung zu mir hatten, dass ich ihnen gleichgültig war. Ich fühlte mich bei ihnen und in ihrem Haus nicht willkommen. Es war fast schon so, als würde ich in Wirklichkeit gar nicht existieren. Meine Eltern vernachlässigten mich nicht, weil es ihnen an Intelligenz fehlte, sondern durch reine Gedankenlosigkeit. Die meisten Eltern kümmern sich um ihre Kinder fast schon mehr als um sich selbst. Sie planen die kindlichen Bedürfnisse einfach ein, als wären es ihre eigenen. Bei mir –

einem ungewollten »Klotz am Bein« und lästigen Anhängsel – fand eine solche Berücksichtigung nicht statt.

Mein Vater war schwach und selbstbezogen. Andererseits war er aber auch sehr kreativ. Bevor meine Schwester auf die Bildfläche kam, versuchte er, mich darin zu fördern, dass ich schöpferisch mit meinen Händen arbeitete.

Meine Schwester wurde geboren, als ich neun Jahre alt war. Sie wurde der Augapfel meiner Eltern und ich hatte den Eindruck, als hörte ich nun ganz auf, irgendeine Bedeutung – sogar für meinen Vater – zu haben. Er war auch sichtlich verlegen und verunsichert durch meine aufblühende Weiblichkeit (ich entwickelte mich schon sehr früh) und enttäuscht über meine mangelnden intellektuellen Fähigkeiten. Alles in allem war das keine sehr günstige Konstellation.

Vals Überlebensstrategie

Offensichtlich liegt es in unserem ureigensten Verantwortungsbereich, wie wir mit den Gegebenheiten umgehen. Jemand anders hätte vielleicht ganz anders auf eine solche Kindheit reagiert. Ich jedenfalls entwickelte meine eigenen fein abgestimmten Verteidigungsmechanismen.

Mein oberstes Ziel im Leben war es, mich vor Zurückweisung zu schützen. Die meisten meiner Beziehungen – anfangs zumindest – waren von diesem Versuch bestimmt.

1. Ich war von klein auf, zumindest seit ich denken kann, vom Typ her sehr hilfsbereit und sehr fürsorglich. Wenn man für die Nöte anderer sorgt und sie befriedigt, lehnen diese einen bestimmt nicht so schnell ab. Je abhängiger man den anderen macht, desto geringer ist das Risiko dabei. Zudem lenkt man seinen Blick weg von den eigenen Schmerzen, wenn man seine Aufmerksamkeit auf die Probleme anderer richtet. Als meine Schwester, die

im Gegensatz zu mir geplant war, geboren wurde, kümmerte ich mich um sie. Dadurch empfing ich nicht nur Zuneigung, sondern besänftigte auch meine eigene Angst.
Ein Helfertyp zu sein, bringt Anerkennung – viel Anerkennung. Ich bekam dadurch zumindest ein gewisses Selbstwertgefühl. Kein Wunder, dass ich mich schon früh dazu entschloss, einen sozialen Beruf zu ergreifen. Dieser Verteidigungsmechanismus ist sehr schwer als ungesundes Verhalten auszumachen. Ein Herz für andere zu haben, Mitleid empfinden zu können und die Fähigkeit zu haben, Leidenden zur Seite zu stehen, ist ja solch eine gute Sache. Wenn wirklich die Liebe Jesu diese guten Taten bewirkt, dann ist daran nichts auszusetzen. Wenn Sie jedoch damit Ihren eigenen Schmerz verdecken wollen, wenn ungestillte Bedürfnisse die Triebfeder für Ihr Handeln sind und Sie dabei vielleicht Ihre eigene Familie vernachlässigen, dann haben Sie tatsächlich eine sehr verdrehte Vorstellung von der Liebe Gottes.

2. Mein Unabhängigkeitsstreben war ein anderer schützender Mechanismus. Mein Motto lautete: »Vertrau keinem. Du wirst nur enttäuscht werden.« Ich ließ es nicht zu, dass ich auf irgendjemanden angewiesen war. Ich brauchte niemanden. Niemand durfte mir zu nahe treten und ich erwartete auch von niemandem etwas. Abgesehen von dem gefürchteten Schmerz der Enttäuschung dachte ich auch, ich wäre nur eine Last für andere. Wenn jemand mir signalisierte, dass er mich mochte, konnte das nur seiner freundlichen, großmütigen Art zuzuschreiben sein oder aber der Betreffende musste sich mir gegenüber irgendwie verpflichtet fühlen – so dachte ich jedenfalls. So kam es mir immer verdächtig vor, wenn mir jemand seine Zeit schenkte oder mich physisch, psychisch oder finanziell unterstützte.
3. Ich war hart im Nehmen. Ich konnte mit allem fertig

werden. Ich dachte, ich wäre innerlich stark, und war stolz darauf. Ich war der Meinung, dass ich alles, was mir begegnete, irgendwie überstehen und überleben würde.

4. Meine sexuellen Ausschweifungen waren weniger ein Schutzmechanismus, sondern mehr eine Art Selbstbestätigung. Sie dienten zudem dazu, meine Befürchtung Lügen zu strafen, dass »kein Mann sich je nach mir umdrehen oder etwas an mir finden würde.« Indem ich mit Männern einen lockeren Umgang pflegte, vermied ich es, möglicherweise verletzt zu werden. Durch meine unbekümmerte Art bescherte ich einigen aufrichtig an mir interessierten Männern unnötige Schmerzen, indem ich ihnen erst Hoffnungen machte und sie dann fallen ließ.

Gerade dieser letzte Punkt sollte mein Verhängnis werden. Ich wurde schwanger – und das mitten in meiner Ausbildung. Meine Umstände waren mit der Mutterschaft ganz und gar nicht vereinbar.

Eine Abtreibung vorzunehmen ist eine schwierige Entscheidung. Ich war hin- und hergerissen, ob ich es tun sollte. In meinem tiefsten Inneren wollte ich das Kind bekommen, aber Zweifel und Ängste plagten mich die ganze Zeit über. Wenn mir gerade mal nicht schlecht war, plagten mich Fragen wie diese: »Was, wenn sich die Geschichte noch einmal wiederholt und ich unfähig bin, dieses Kind zu lieben? Wie werde ich finanziell über die Runden kommen? Werden sich alle von mir abwenden? Werde ich schließlich in einer furchtbaren Sozialwohnung landen – mit einem Kind, über das ich mich ärgere?« Das waren nur einige meiner Ängste und so entschloss ich mich zu einer Abtreibung.

Als ich im Krankenhaus darauf wartete, dass ich an der Reihe war, suchte mich eine Gynäkologin auf. Sie musste ein Formular ausfüllen, damit die Abtreibung durchgeführt werden durfte. Als sie mir in die Augen blickte, fragte sie mich: »Sind Sie absolut sicher, dass Sie das auch wirklich wollen?« Und ich war nahe daran, zu antworten: »Nein. Ich bin mir überhaupt nicht sicher.« Hätte ich das damals gesagt, hätte ich heute ein elfjähriges Kind. Aber ich hielt den Mund und nickte nur stumm.

Als ich aus der Narkose aufwachte, empfand ich einen höllischen Schmerz und ein furchtbares Gefühl der Leere in meinem Bauch. Gedanken durchzuckten mich: »Was habe ich bloß getan?«, und um mit dem verlorenen Sohn zu sprechen: »Wie konnte ich nur so tief sinken?«

Viele Jahre der tiefen Schuldgefühle und des Bedauerns folgten. Alle säkularen Therapieansätze schlugen fehl. Obwohl ich ein gewisses Verständnis für mein Tun bekam, half es nicht, meine Gefühle zu erleichtern. Kein verstandesmäßiges Argument zu meinem »Recht auf Selbstbestimmung« oder »Recht auf persönliches Glück« vermochte mich zu überzeugen oder meine Anspannung zu lösen. Für mich stand fest, ich hatte mein Kind – Gottes Kind – getötet und nicht auf die leise Stimme in meinem Inneren gehört. Ich hatte zugelassen, dass meine selbstsüchtigen Motive zum Mord an einem unschuldigen Opfer geführt hatten. Ein vierzehn Wochen alter Fötus hat schon alle seine Merkmale und Veranlagungen und ist vollkommen ausgebildet. Nur Gott konnte mir Befreiung von meiner Schuld schenken und nur er hatte die Macht, jetzt für dieses Kind zu sorgen.

Val begegnet Jesus

Fast sechs Jahre später heiratete ich und bekam ein gesundes Kind. Die Kleine wurde getauft und ich fand, dass es gut wäre, wenn sie in den Kindergottesdienst ging, um mehr über das Christsein zu erfahren. Im Stillen hoffte ich, dass ich dadurch auch etwas für mich selbst finden konnte. Etwa eine Woche bevor ich zum ersten Mal selbst in die

Kirche ging, hatte ich ein Gespräch mit einer gläubigen Freundin, die mich ermutigte, Gott mein Leben anzuvertrauen. Für mich war das ein Experiment; wahrscheinlich würde einfach nichts passieren, und schlimmer konnte es ja kaum werden. In den Tagen nach meiner »Entscheidung« konnte ich jedenfalls keinen Unterschied feststellen. Ich war etwas enttäuscht und dachte schon, dass Gott mich nicht annehmen könnte. So ging ich ins Schlafzimmer, schloss die Tür hinter mir zu und betete inständig zu Gott: »Lieber Gott, wenn du wirklich da oben bist, wenn du mich kennst und wenn du mir durch Jesus vergeben kannst, dann zeige es mir bitte. Ich weiß, dass ich deine Vergebung nicht verdient habe, aber wenn ich erlöst werden kann, dann mach es mir so deutlich, dass es keinen Zweifel daran gibt, dass es von dir kommt. Bitte schenke mir deine Gnade. Im Namen Jesu. Amen.«

Am nächsten Tag erschien ich in meinem besten Kleid im Gottesdienst. Ein Gastpastor, der gerade aus einem anderen Land zu Besuch war, hielt an diesem Sonntag die Predigt. Er kannte sehr wenige Leute aus dieser Gemeinde. Er predigte über das Johannesevangelium, Kapitel 8 – über die Begegnung Jesu mit der Ehebrecherin. Er legte diesen Text sehr genau aus und schloss damit, dass keiner von uns das Recht hat, andere zu richten oder zu verdammen. Dann sprach er über die Notwendigkeit, anderen zu vergeben, Gottes Vergebung anzunehmen und sich selbst zu vergeben. Ich hatte den Eindruck, als würde er direkt zu mir sprechen, aber verwarf das dann wieder als Wunschdenken von mir.

Nach dem Gottesdienst stand ich noch da und trank einen Kaffee, als der Gastprediger auf mich zukam. Er fragte mich dann: »Hätten Sie etwas dagegen, wenn ich Ihnen etwas Persönliches erzähle?«

Etwas nervös entgegnete ich: »Nein, bitte, erzählen Sie. Das würde mich sehr freuen.«

Und so fuhr er fort: »Ich wollte eigentlich heute gar nicht

so sehr über Vergebung sprechen, aber während meiner Predigt verspürte ich den starken Drang, darüber zu reden. Als ich darüber sprach, wie man Gottes Vergebung annehmen kann, fragte ich den Herrn: ›Für wen ist diese Predigt bestimmt?‹ Als ich mir so jedes Gesicht in der Gemeinde betrachtete, wusste ich plötzlich, dass Ihnen diese Worte galten. Ich wusste, dass Sie heute hierher gekommen sind, weil Sie verzweifelt nach Vergebung suchen. Ich glaube, Sie haben vor vielen Jahren eine Entscheidung getroffen, derer Sie nicht Herr wurden, und bis heute leben Sie in ihrem Schatten. Der Herr sagt Ihnen, dass Ihre Buße lang und schwer war. Er möchte Sie hier und jetzt freisprechen, damit Sie im Bewusstsein seiner Vergebung weitergehen können.«

Ich muss wohl nicht betonen, dass ich inzwischen haltlos weinte und vor Ehrfurcht und Dank ergriffen war. Von diesem Moment an hatte ich nicht den geringsten Zweifel mehr, dass Gott unsere Gebete hört und dass die Vergebung Jesu keine Grenzen kennt.

Nach dieser Erfahrung hatte ich mehrere Monate lang eine Art geistliche Hochphase. Ich hatte gefunden, wonach ich gesucht hatte. Danach machte sich der Heilige Geist in mir ernsthaft an die Arbeit und ich fühlte mich, als würde ich jeden Moment zusammenbrechen. Da wusste ich, dass es an der Zeit war, einige meiner emotionalen Probleme anzugehen und aufzuarbeiten.

Vals Reise zur Ganzheitlichkeit

Als ich anfing, in die seelsorgerliche Beratung zu gehen, hatte ich noch keine Ahnung, welche Ausmaße meine Heilung annehmen würde. Ich bezweifle sogar, dass ich überhaupt damit angefangen hätte, wenn ich es gewusst hätte. Und doch: Ich brauchte dringend eine Veränderung, brauchte Wachstum. Ich war von dem Wunsch beseelt, frei zu werden und die Person zu sein, als die Gott mich gedacht hatte, Christus ähnlicher zu werden und eine gute Mutter zu sein.

Ich ging fast zwei Jahre in die Gebetsseelsorge. Die Zeit war grob in die acht folgenden Blöcke unterteilt, die auch eng miteinander zusammenhingen und sich zum Teil überschnitten:

1. meine eigene Sünde überwinden, Buße tun und Vergebung empfangen,
2. meine eigenen Verteidigungsmechanismen verstehen lernen,
3. trauern und lernen, ein Empfänger zu sein,
4. Vergebung weitergeben,
5. Abhängigkeiten entdecken,
6. mit Trennungen und Verlusten umgehen,
7. zu einer ausgeglichenen Persönlichkeit werden und vorwärts gehen,
8. meine Gaben herausfinden.

Die allererste Sache, die bei mir ans Tageslicht kam, war ein tiefes Schamgefühl. Ich war mir der Beschmutztheit meines Körpers und der Verletzungen, die ich mir und anderen zugefügt hatte, sehr wohl bewusst. Ich erkannte, dass ich für meine Entscheidungen und Fehlentscheidungen, für den Missbrauch an meinem Körper und mein verletzendes Verhalten anderen gegenüber selbst verantwortlich war. Diese tief greifenden Entdeckungen gleich zu Beginn der Seelsorge machten mir schreckliche Angst. Da saß ich also nun zusammen mit zwei Menschen, die ich überhaupt nicht kannte und denen ich einige meiner schlimmsten Verfehlungen anvertraute – und das alles innerhalb einer einstündigen Sitzung!

Ich erinnere mich noch daran, wie ich weinte: »Gott kann mir nicht vergeben. Ich bin so schlecht und so voller Sünde.« Obwohl ich bereits Vergebung erfahren hatte, bereitete es mir immer noch an manchen Stellen Schwierigkeiten, sie anzunehmen und zu verinnerlichen. Man fragte mich dann: »Ist denn das Angebot Jesu nicht genug für dich?« Ich erkannte dabei, wie unbarmherzig und arrogant ich gegen mich selbst gewesen war und konnte dann endlich meine Scham und den Schmerz um mein abgetriebenes Kind loslassen.

Als ich so mit Gott ins Reine gekommen war, fing der schmerzliche Prozess an, mich selbst so zu sehen, wie ich wirklich war. Wir begannen, meine Selbstverteidigungsmechanismen zu hinterfragen und zu sehen, wie diese meine Beziehungen beeinflussten. Ich erinnere mich noch daran, wie ich ziemlich entsetzt war, als ich entdeckte, dass meine zwanghafte Fürsorglichkeit für andere gar nicht so edel war, wie ich gedacht hatte ... und wieder hieß es, umkehren und Buße tun!

Nach einigen Wochen der Gebetsseelsorge nahm ich mir auch zu Hause Zeit zum Gebet und fragte Gott, wie es weitergehen sollte. Er stieß mich auf einige Stellen aus der Bibel: »Wenn auch Vater und Mutter mich verstoßen, du, Herr, nimmst mich auf. Ich weiß, ich muß nicht hinab zu den Toten; ich darf weiterleben, um deine Güte zu sehen. Vertrau auf den Herrn, sei stark und fasse Mut, vertrau auf den Herrn!« (Psalm 27,10,13-14)

Diese Worte sprachen mich sehr an und sollten mir in den folgenden Monaten immer wieder in Erinnerung gerufen werden.

Dann hatte ich eines Nachts einen Traum: Ich brachte mein Kind am Morgen zur Schule. Als ich an der Schule eintraf, war das Tor verschlossen. Deshalb lief ich um das Schulgebäude herum zum Hintereingang. Auch diese Tür war abgesperrt. Ich ging wieder zur Eingangstür und stellte Überlegungen an, wie wir wohl hineingelangen könnten. Genau in diesem Moment trat ein Mann (der anscheinend der Gärtner war) aus dem Gebüsch hervor und fragte mich: »Muss dein Kind zur Schule gehen?«

»Ja«, antwortete ich, »aber ich komme nicht hinein. Das Tor ist verschlossen.« Der Mann nahm einen großen Schlüsselbund aus seiner Tasche und suchte nach dem passenden Schlüssel. Er nahm einen kleinen silbernen Schlüssel und gab ihn mir. Ich betrachtete ihn mir und dachte: »Mit dem werde ich aber nie hineinkommen!«

Der Mann ging daraufhin wieder weg und ich rief ihm nach: »Dieser Schlüssel ist aber winzig. Ich werde das große Tor mit diesem kleinen Ding nie geöffnet bekommen!«

Er blickte über seine Schultern zu mir herüber und entgegnete mir: »Doch, das werden Sie. Es ist der Schlüssel der Verletzlichkeit. Seien Sie verletzlich. Nur dann kann Ihr Kind zur Schule gehen.«

Am darauf folgenden Tag erinnerte ich mich äußerst lebhaft an diesen Traum und er spulte sich immer wieder automatisch vor meinem inneren Auge ab. Ich hatte mir selbst nie erlaubt, verletzbar zu sein, aber ich hatte den Eindruck, dass dieser Traum von Gott kam, und deshalb entschloss ich mich zum ersten Mal bewusst dazu, meine schützenden Mauern fallen zu lassen.

Das war der Katalysator für meine Trauer. Bis zu diesem Zeitpunkt war alles sicher in der untersten Schublade verstaut gewesen, aber nun kamen die Erinnerungen an die Oberfläche. Ich erinnerte mich plötzlich an die Zeiten, in denen ich unerwünscht gewesen war, an eine Erfahrung, bei der mir wieder ein Funke Hoffnung genommen worden war. Ich erinnerte mich an die Zeiten der Trostlosigkeit, an die Worte, die mich zu irrigen Ansichten über mich selbst geführt hatten, an die Zeiten der Zurückweisung und an die Lügen, die vor mir ausgesprochen wurden. Es gab Zeiten, in denen eine ganz bestimmte Erinnerung bei mir wachgerufen wurde, und dann zeigte mir Jesus, dass er es wusste, dass er dagewesen war und was Heilung für diese Situation bringen würde.

Eine bestimmte Erinnerung betraf eine Situation, in der

ich aus dem Ausland, wo mein Vater zu der Zeit arbeitete, ins Internat zurückflog. Mein Vater hatte vergessen, für mich die Flughafensteuer zu entrichten, so dass ich sie nachträglich bezahlen musste und in England ohne genug Geld ankam, um die Fahrt zurück zur Schule zu bezahlen. Außerdem hatte ich mir auf der Reise auch noch eine Lebensmittelvergiftung zugezogen. Das Ganze endete damit, dass ich an einem dunklen, schneeverhangenen Abend fieberglühend und krank in Devon ankam, ohne mir ein Taxi von der Busstation zur Schule rufen zu können. Deshalb bat ich den Busfahrer, mich an der Straße abzusetzen, die zur Schule führte. Ich hatte noch eine Meile zu Fuß zu gehen – und meine Koffer dabei zu schleppen. Der Bus rauschte davon und ein Gefühl der totalen Verlassenheit überfiel mich. Ich saß auf meinen Koffern im Schnee und dachte: »Niemand in der Schule weiß, dass ich komme. Meine Eltern interessiert es wahrscheinlich überhaupt nicht, ob ich angekommen bin oder nicht. Und ich habe nicht die Kraft und Energie, diese Meile zu laufen. Wenn ich mich in den Graben lege und mich vom Schnee bedecken lasse, werde ich einfach sterben. Es wird niemandem auffallen, zumindest nicht vor nächster Woche!«

Die Realität dieser Situation schlug bei mir ein wie eine Bombe. Der reine, weiße Schnee sah mir so verlockend aus. Es erschien mir die einfachste Lösung, da ich überhaupt keinen Grund zum Weiterleben sah. Doch dann sprach eine leise Stimme zu mir: »Du musst jetzt gehen. Dein Weg führt noch nicht in den Tod.« Gehorsam packte ich meine Koffer und irgendwie schaffte ich es zur Schule.

Eine Woche später, als ich im Krankenzimmer lag, lieh mir jemand das Buch »Die Zuflucht« von Corrie ten Boom aus. Es bewegte mich sehr, wie diese Frauen im Konzentrationslager Kraft aus ihrem Glauben an Gott schöpften. Ich wünschte mir, dass er auch für mich so real und lebensnah sein konnte.

Als ich diese Zeit während der Seelsorge nacherlebte,

kam mir ein Bild von Jesus, wie er an meinem Bettende stand und zu mir sagte: »Mein Kind, ich war die ganze Zeit über bei dir.« Das Wissen, dass er in dieser trostlosen Situation an meiner Seite gewesen und dass es seine Stimme war, die ich da gehört hatte, heilte vieles in mir. Dadurch konnte ich auch meinen Eltern ihre gedankenlose Fehlplanung und fehlende Besorgtheit um mich vergeben.

Ich hatte noch viele Erinnerungen wie diese, bei denen Jesus persönlich in die Situation hineinsprach. Manchmal erinnerte ich mich an etwas, was gesagt worden war und was ich mir als der Weisheit letzter Schluss zu Herzen genommen hatte. Einmal schrubbte ich zum Beispiel gerade den Korridorboden bei uns zu Hause. Aus irgendeinem Grund war meine Mutter wütend auf mich und als sie die Treppe hoch ging, lehnte sie sich über das Geländer und meinte: »Du meinst wohl, etwas Besonderes zu sein, wenn du etwas Gutes tust. Aber du bist ein Nichts! Ich kann nur hoffen, dass die Leute nett und freundlich zu dir sein werden, wenn du aus dem Haus gehst. Sonst wirst du es im Leben zu nichts bringen.« Der Heilige Geist zeigte mir, dass diese Worte bei mir eine irrige Sichtweise über mich selbst hinterlassen hatten, die mich in ziemlich starkem Maß gebunden hatte.

Die ganze Bandbreite an Gefühlen stieg während dieser Phase in mir hoch. Zu Hause war ich dann oft sehr wütend und frustriert und dachte, ich würde durchdrehen. Oft weinte ich bitterlich. Manchmal meinte ich, dass ich in einen Abgrund des Schmerzes hinunterstürzen würde und dass niemand da wäre, der mich festhalten konnte, wenn ich über die Klippe sprang.

Verschiedene Dinge halfen mir, mit diesen Gefühlen umgehen zu lernen:

1. Hilfreich war für mich das Tagebuchschreiben. Dadurch konnte ich meine Zwiegespräche mit Gott festhalten. Es half mir auch, meine Gefühle zu Papier zu bringen.

2. Wenn ich mich in meine Wut hineingesteigert hatte, warf ich mit Gegenständen um mich. Kissen waren gar nicht so schlecht, aber ich fand auch ein paar Kinderplastikstühle ganz hilfreich dabei. Sie machten einen befriedigenden Krach, wenn sie auseinander brachen, und hüpften schön in der Gegend herum, wenn man sie wegschleuderte. Sie waren billig und leicht zu ersetzen!
3. Manchmal dachte ich: »Arme, arme Val.« Wenn mir jedoch meine Selbstmitleids-Tour bewusst wurde, versuchte ich schnell wieder davon loszukommen. Selbstmitleid löste überhaupt keine Probleme.
4. Zeit mit Gott zu verbringen, half wirklich immer sehr. Wertvoll war für mich, wenn ich einschlägige Bücher las, sehr direkt und offen im Gebet war, auf Gott hörte und in den Gottesdienst ging. Auch Predigtkassetten halfen mir, den Strom meiner Tränen zu trocknen.
5. Selbstdisziplin und mir selbst Grenzen zu setzen war auch hilfreich. Wenn es mir möglich war, versuchte ich, meine Gefühle offen zu zeigen und sie vor Gott zu bringen. Letztendlich ist er der Einzige, der wirklich ganz für einen da ist. Wenn ich mich jedoch ganz und gar außer Stande sah, mich selbst zu beruhigen, oder dachte, ich würde verrückt, dann gestand ich mir zu, eine meiner Seelsorgerinnen anzurufen. Oft genügte schon ihre Stimme, die mir versicherte, dass ich nicht ganz durchgedreht war, um mich zu beruhigen.
6. Ich musste lernen, mein Vertrauen in Gott, meine Seelsorgerinnen und den Heilungsprozess zu setzen. Inmitten eines solchen konfusen, anstrengenden Prozesses kann es schwierig sein, das Licht am Ende des Tunnels zu sehen. Ich musste vertrauen, dass ich in Gottes Hand war und dass meine Seelsorgerinnen wussten, was sie da taten und mich nicht als kaputtes Wrack im Stich ließen!
7. Ich musste mich der Wahrheit verpflichten. Das ist absolut vorrangig. Es ist jedoch schwer, ganz offen zu sein und zu zeigen, wer man wirklich ist, wenn man unbe-

dingt geliebt werden möchte. Ich musste oft die Zähne zusammenbeißen, wenn unliebsame Wahrheiten ans Licht kamen. Und so betete ich nur, dass man mich nicht der Tür verwies.

8. Ich musste mit mir selbst Nachsicht haben. Dieser Prozess ist ermüdend und kräftezehrend. Ich versuchte, mich nicht allzu sehr unter Druck zu setzen und mir einen gewissen Freiraum zuzugestehen.

Ich muss sagen, dass es sehr sehr mühsam und zeitraubend ist und sehr viel Mut kostet, sich einer Kindheit zu stellen, die man nie hatte, einem Kind Raum zu geben, das nie einen Platz hatte und die Gefühle über diejenigen zuzulassen, die einem Schaden zugefügt haben. Wie sehr hätte ich mir gewünscht, einfach so aus der Vergangenheit heraustreten und geheilt werden zu können. Einmal betete ich in diese Richtung und in dieser Nacht hatte ich folgenden Traum:

Ich fuhr gerade mit dem Bus zur Universität. Ich hatte beschlossen, nicht zu laufen, da es eine weite Strecke war und es regnete. Ich musste jedoch mehrmals umsteigen. Der erste Bus blieb liegen, der zweite Busfahrer fuhr nicht sehr sicher und der dritte Bus fuhr in die falsche Richtung. Ich landete mitten auf dem Land und stieg dort aus, um nochmals auf einen anderen Bus zu warten. Während ich wartete, erschien wieder der Gärtner aus meinem Traum mit dem Schlüssel und sagte zu mir: »Es ist besser, wenn du den weiten Weg auf deinen eigenen zwei Beinen zurücklegst. Schnelle Lösungen sind nicht so zuverlässig und geben nicht immer die Antworten, die man braucht. Du könntest sogar am falschen Fleck landen. Wenn du zur Universität gehen willst, würde ich an deiner Stelle einfach nach deinem eigenen Tempo marschieren.«

Anmerkungen der Autorin

Träume können in der Seelsorge sehr hilfreich sein. Beide Träume waren für Val Wendemarken in ihrem Leben. Es ist interessant zu sehen, dass sie in ihrem ersten Traum zur Schule ging und ihr Kind bei sich hatte. Es ist ganz und gar nichts Ungewöhnliches, solche Träume in einer Zeit intensiver Innenschau zu haben. Das Kind stellt für gewöhnlich das Kind in einem selbst dar und gibt Aufschluss darüber, was im Unterbewussten vor sich geht. Vals Kind wollte zur Schule gehen. Die Schule ist ein Ort des Lernens und der Entwicklung. Sie konnte nicht dorthin gelangen, ohne verletzlich zu werden. Dies war wichtig für Vals weiteren Weg. Wenn sie nicht bereit war, vor Gott und ihren Seelsorgerinnen verletzlich zu werden, konnte auch kein Wachstum geschehen. Der Gärtner – soviel stand für Val fest – war Jesus. Er war der gleiche Mann, der ihr auch im zweiten Traum erschien.

Dieses Mal ging sie zur Universität. Diesen Traum hatte sie ungefähr in der Halbzeit unserer gemeinsamen Gespräche. Und obwohl sie gute Fortschritte gemacht hatte, war es doch schwer für sie weiterzumachen. An diesem Punkt stand sie vor der Versuchung auszusteigen. Val war emotional erschöpft, und verletzbar zu bleiben war sehr anstrengend für sie. Aber meine Mitarbeiterin und ich fanden, dass es ein sehr ermutigender Traum war. Vals Wunsch, zur Uni zu gehen, deutete für uns einen gewissen Fortschritt an. Wie sich herausstellen würde, sollten wir Recht behalten. Es gab zwar noch einige Schwierigkeiten aus dem Weg zu räumen, aber das Ende des Tunnels war in Sicht.

Val erzählt weiter

In der Verarbeitungszeit kümmerte ich mich auch um eine sehr liebe Freundin, die im Endstadium an Krebs erkrankt war. Dies förderte viele unangenehme und schmerzliche Gefühle zu Tage. Wenn man eng mit einer lieben Freundin zusammen ist, entsteht offensichtlich eine besondere Vertrautheit und Offenheit, die sich dadurch entwickelt, dass man zusammen über den Tod nachdenkt. Es kam mir so vor, als ob der Schmerz, den ich unausweichlich erleiden würde, immer größer wurde, je mehr ich sie liebte. Durch diese Erfahrung erkannte ich aber auch, dass Liebe und Schmerz zwei Seiten ein und der selben Medaille sind. In diesem Leben kann man nicht tief lieben, wenn man nicht auch tief leiden kann.

Nachdem meine Freundin gestorben war, hatte ich das Gefühl, als stünde ich mit leeren Händen da. Meine Seelsorgerinnen waren zu der Zeit gerade für längere Zeit verreist, und so nutzte ich die Zeit, um die Dinge gelassener anzugehen und mich von den bisherigen Strapazen zu erholen. Ich fing an zu akzeptieren, dass meine Freundin nicht nur im Urlaub war, aus dem sie irgendwann wieder zurückkehren würde, sondern dass sie tatsächlich nicht mehr zurückkommen würde.

Ich hatte den Eindruck, dass die Vergangenheit mich nicht mehr belasten konnte, deshalb hielt ich auch die Seelsorgegespräche nicht mehr für notwendig. Aber da wusste ich noch nicht, was mich als Nächstes erwarten würde! Der Heilige Geist ging mit mir die Dinge durch, die ich in meiner frühen Kindheit hätte erleben sollen, aber komplett übersprungen hatte. Ich erkannte, dass ich völlig von meinen Seelsorgerinnen abhängig war. Für jede ernstlich unabhängige Person ist dies die ernüchterndste Erfahrung, die man machen kann. Abhängigkeit ist ja so ein kindliches Gefühl. Es geht dabei nicht nur darum, dass ich den anderen brauche, sondern darum, dem anderen ganz nahe sein zu wollen. Als Kind will man vom anderen umsorgt und gehalten werden, auf dem Schoß sitzen, gestillt werden – also eine ganz enge, feste Bindung eingehen. Im normalen Alltagsleben hätte ich wahrscheinlich eine solche Beziehung verabscheut, aber das Kind in mir dachte, es hätte nicht nur ein Recht darauf, sondern es müsste sogar sterben, wenn dieses starke Bedürfnis nicht gestillt würde.

Ganz am Anfang hatte ich sogar die Befürchtung, vielleicht eine tief sitzende lesbische Neigung zu haben, die am Ende noch zu Tage treten könnte. Ich war unheimlich erleichtert, als ich irgendwo las, dass der Wunsch nach einer Bindung zur Mutter sehr leicht mit einer lesbischen Anziehung verwechselt werden kann. Und trotzdem kämpfte ich gegen das Gefühl der Abhängigkeit stärker an als gegen jede andere Emotion, die ans Licht gekommen war.

Damals halfen mir drei grundsätzliche Einstellungen, die ich mir in den darauf folgenden Wochen allmählich aneignete, um diese Phase durchstehen zu können:

1. *Ich will die Abhängigkeit annehmen.* Mit anderen Worten: Ich musste interdependent werden, das heißt, gegenseitige Abhängigkeiten eingehen und nicht so sehr unabhängig leben. Ich betete ernsthaft in dieser Sache, denn ich wollte wissen, ob dies eine geistliche Perspektive war, und fragte Gott, ob die Unabhängigkeit nicht eine heiligere Lebensform wäre. Er gab mir eine Bibelstelle als Antwort, Prediger 4,9-12: »Zwei sind auf jeden Fall besser dran als einer allein. Wenn zwei zusammenarbeiten, bringen sie es eher zu etwas. Wenn zwei unterwegs sind und einer hinfällt, dann hilft der andere ihm wieder auf die Beine. Aber wer allein ist, ist übel dran (...), weil keiner ihm helfen kann. (...) Einer allein kann leicht überwältigt werden, aber zwei wehren den Überfall ab. Noch besser sind dann drei; man sagt ja: ›Ein Seil aus drei Schnüren reißt nicht so schnell.‹«
   Ich gewann den Eindruck, als wollte Gott, dass ich akzeptierte, dass ich andere brauchte. Ich traf eine bewusste Entscheidung, den Kampf in mir zu beenden, mein derzeitiges Unbehagen anzunehmen und dem Kind in mir zu erlauben, sich – im angemessenen Rahmen –

dem zu widmen, was dieses Verlangen stillte. Diese Dinge waren ganz simpel: Ich musste mir zugestehen, mich auf meine Seelsorgesitzungen zu freuen, offen über meine Gefühle zu reden, mir zu erlauben, jemanden anzurufen, wenn ich Zuspruch brauchte, um das Kind in mir zur Ruhe zu bringen.

2. *Ich will die Hoffnung auf meine »Mama« loslassen.* Das Kind in mir war schließlich aufgewacht und hatte erkannt, dass es nie eine Mama gehabt hatte. »Ich will eine Mama haben«, war der stumme Schrei des Kindes in mir. Das war aber leider nicht mehr möglich. Es war zu diesem Zeitpunkt nicht nur zu spät für eine solche Art der Beziehung, sondern es war für mein erwachsenes Ich auch keine reale Möglichkeit mehr. Meine natürliche Mutter war zu keiner Mutter-Tochter-Beziehung fähig und ich würde auch nie die Tochter meiner Seelsorgerin oder von jemand sonst werden können.
Menschen werden mit allen möglichen Benachteiligungen geboren, die ihr Leben beschweren können. Das können körperliche Gebrechen sein, ein geringer IQ, fehlende Bildung, eine schlechte Gesundheit und vieles mehr. Mein Handicap war es, ohne Mutter aufgewachsen zu sein. Ich fand es extrem schwierig, dies als Tatsache zu akzeptieren und den Wunsch endgültig zu begraben. Ich rief eine meiner Seelsorgerinnen an: »Ich habe diesen inneren Kampf und diese übermächtige Sehnsucht so satt. Ich drehe schier durch.« Sie entgegnete mir: »Ja, es ist bitter, aber die Hoffnung auf eine Mutter stirbt nur langsam.« Am nächsten Sonntag wollte ich diese Sache vor Gott bringen. Zwei aus dem Mitarbeiterteam beteten mit mir und ich legte meine Mutter und alle Sehnsucht und Hoffnung, die mit ihr verbunden waren, zu Jesu Füßen. Ich bat ihn, sie zu segnen und ihr zu vergeben. Ich bat ihn, mich zu segnen und mich zu befreien, was er auch tat. Nach diesem Abend fühlte ich mich frei, die Freundschaftsangebote anderer anzuneh-

men und mich nicht länger nach etwas zu sehnen, was für mich unerreichbar war.

3. Ich will mit meinen Gefühlen zu Gott kommen und ihn bitten, *mich zu erfüllen.* Ich musste immer und immer wieder zu Gott gehen und ihn bitten, mich festzuhalten und mich zu versorgen. Da sowieso nur er in der Lage war, meine tiefsten Sehnsüchte zu stillen, war das der einzige Weg. Wenn ich so allein in der Dunkelheit saß, hatte ich oft den Eindruck, als ob eine große weiche Decke um mich gehüllt wäre, und mein Herz beruhigte sich in der Wärme dieser Umarmung.

Die Verlustangst schlägt zurück!

Nachdem ich diese drei Einstellungen ganz verinnerlicht hatte, durchlief ich sehr schnell die intensive abhängige Phase. Das Bedürfnis nach Nähe ging etwas zurück und wir sprachen wieder einmal über das »Ziel«, den Ausgang der Sitzungen. Urplötzlich bekam ich einen Panikanfall, denn oft folgt auf die Abhängigkeit die totale Verlustangst. Der Gedanke, mit den Gesprächen aufhören zu müssen, erfüllte mich mit Angst und Schrecken. Wie würde ich es je ohne meine Freitagsstunde schaffen? Die Beteuerungen meiner Seelsorgerinnen, dass ich mich auch später noch jederzeit mit ihnen treffen konnte, wenn ich es brauchte, dass ich auf einen Kaffee und einen Plausch vorbeikommen konnte, dass sie immer noch für mich dawaren, änderte nichts an meiner Angst. Sie waren mir gegenüber mehr als nur freundlich und großzügig im Umgang mit ihrer Zeit gewesen und ich konnte und wollte sie nicht auch noch außerhalb der Seelsorgesitzungen belästigen. Ich hatte mich von ihnen geliebt gefühlt, aber eher aus dem Grund, weil *sie* liebevoll waren, und nicht so sehr, weil *ich* liebenswert war. In der vereinbarten Zeit waren sie ja *verpflichtet*, mich zu lieben und zu akzeptieren, und außerhalb dieser

Zeit – so dachte ich jedenfalls – würden sie mich bestimmt anders behandeln.

In einer säkularen Beratungsbeziehung wäre es für mich ganz natürlich und akzeptabel gewesen, die Beziehung mit dem Therapieabschluss abrupt zu beenden. Das Thema »Freundschaft über die Beratung hinaus« wäre erst gar nicht aufgekommen. Ich hätte mich erst gar nicht dem Problem stellen müssen, ob jemand mich näher kennen lernen und trotzdem lieben könnte. Ich hätte meine Therapeuten als liebenswerte Personen sehen können, die mir von Berufs wegen Liebe und Verständnis entgegengebracht und geholfen hatten.

Die christliche Seelsorge dagegen ist anders. In der gleichen Kirche zu sein, der gleichen Gemeinschaft anzugehören, beinhaltet eher das Angebot, die Beziehung fortzusetzen. Ich erinnere mich daran, wie ich in einer Sitzung über meine Trennungsangst sprach und argumentierte: »Aber ich könnte doch auch zu fordernd werden oder zu sehr eure Zeit in Anspruch nehmen. Und dann müsst ihr mich abweisen, weil ich für euch eine Last bin. Ich kann auf keines eurer Bedürfnisse eingehen, so dass es nie zu einer echten Beziehung unter Erwachsenen kommen wird. Das Ganze ist zu einseitig.«

Eine meiner Seelsorgerinnen gab mir Folgendes zur Antwort: »Aber geht es denn nicht bei alledem um Liebe? Um Lieben und Geliebtwerden? Wir haben uns diese Erinnerung und jenes Gefühl vorgenommen ... aber es dreht sich doch alles darum, einander zu lieben.«

Ich protestierte: »Ich werde dadurch aber nur noch mehr Schmerzen haben. Ich glaube, ich verlasse lieber jetzt das Schiff. Ich habe genug über die Liebe gelernt.«

An diesem Abend ging ich mit diesem Problem zu Gott und fragte ihn: »Muss ich wirklich noch mehr Risiken in puncto Liebe eingehen?« Er verwies mich auf 1. Johannes 4,17-21: »Die Liebe kennt keine Angst. Wahre Liebe vertreibt die Angst. Wer Angst hat und vor der Strafe zittert, bei dem hat die Liebe ihr Ziel noch nicht erreicht. Wir lieben, weil Gott uns zuerst geliebt hat. Wenn einer behauptet: ›Ich liebe Gott‹, und dabei seinen Bruder haßt, dann lügt er. Wenn er seinen Bruder, den er sieht, nicht liebt, dann kann er Gott, den er nicht sieht, erst recht nicht lieben. Christus gab uns dieses Gebot: Wer Gott liebt, der muß auch seinen Bruder lieben.«

Mir wurde klar, dass mir nichts anderes übrig blieb, als ins kalte Wasser zu springen. Ich erkannte, dass ich die Seelsorge beenden und eine Beziehung außerhalb jener sicheren vier Wände riskieren musste. Und doch hatte etwas in mir eine solche Angst vor dem Loslassen. Ich merkte, dass ich die Nabelschnur durchtrennen, die Zähne zusammenbeißen und springen musste. Danach hatte ich zwei erstaunliche Erlebnisse, die es mir ermöglichten, die Seelsorge relativ schnell und schmerzlos zu beenden.

Ich ging an einem Samstagmorgen zu einem Seminar in die Kirche. Dort hörte ich ein ganz spezielles Wort für jemanden mit einem Leiden im unteren Rückenbereich. Ich hatte jahrelang schon Probleme mit meinem Rücken gehabt. Meine Physiotherapeutin schrieb meine Beschwerden entweder einer erblichen Belastung oder einer Verletzung im frühen Kindesalter zu.

Ich ging nach vorne, als diese Mitteilung Gottes weitergegeben werden sollte. Das Paar, das mit mir betete, bat den Herrn um Heilung für meinen Rücken. Ich fühlte ein besonders intensives Kribbeln im unteren Lendenwirbelbereich, das sich dann die Wirbelsäule hochzog und in den Hals- und Schädelbereich ausstrahlte. Das Druckgefühl auf meinen Kopf wurde fast unerträglich und ich fühlte mich sehr beengt und bedrängt. Ich hatte dann das Bild von einem weißen Zimmer vor mir. Ein Gefühl der Panik war mit diesem Bild verbunden. Die Worte, die ich dabei hörte, waren: »Ich will nicht geboren werden. Ich bin nicht willkommen.« Die, die für mich beteten, baten Jesus, in das Zimmer zu kommen. Der Druck und die rasenden Schmerzen in meinem Schädel und meiner Wirbelsäule wurden noch stärker. Ich fühlte mich wie erdrückt und gefangen. Ich wollte fliehen. Dann hörte ich eine Stimme, die einfach und ruhig sagte: »Komm auf die Welt! Ich empfange dich. Ich bin hier, um dich zu gebären. Schau mir in die Augen und sei gewiss, dass du willkommen bist.«

Plötzlich wich der Druck von mir. Ich war außer Atem. Die warmen Empfindungen waren auf meiner ganzen Haut zu spüren. Die inneren Kämpfe ließen nach und ich fühlte unmittelbar eine ungeheure Erleichterung.

Einige Wochen später bei einem anderen Samstagsseminar wurden wir dazu ermutigt, uns neu für das Wirken und die Segnungen des Heiligen Geistes zu öffnen. Ich hatte plötzlich das Gefühl, einen leichten Kopf und einen schweren Körper zu haben. Dann durchflutete mich eine große Freude und ich konnte nur noch lachen. Je mehr ich lachte, desto fröhlicher fühlte ich mich. Dabei war nichts besonders Lustiges geschehen und mir war auch sehr bewusst, dass es Leid und Schmerz in meinem Leben gab. Aber ich hatte das ganz deutliche Gefühl, dass Gott gut ist und dass auch er einen Sinn für Humor hat. Nach etwa einer halben Stunde ebbte das Gefühl ab, aber ich fühlte mich innerlich wie gereinigt und befreit und empfand ein tiefes Gefühl des Angenommenseins, der Hoffnung, der Befreiung und der Unbeschwertheit in meinem Herzen.

In den Tagen darauf fühlte ich mich wieder oder erstmals im Reinen mit mir selbst. Es war so, als ob meine Persönlichkeit nicht mehr gespalten wäre. Ich hatte das Gefühl, mir selbst gegenüber ehrlicher zu sein und nicht länger der Lüge zu leben.

Im Geist sah ich das Bild eines entschlossenen Elternteils vor mir, der ein schreiendes Kleinkind hinter sich her zog und dabei immer versuchte, es gefügig zu machen. Das Bild verblasste und danach sah ich einen sanfteren, freundlicheren Elternteil, der ein älteres, zufriedenes Kind an der Hand führte. Die zwei gingen harmonisch nebeneinander her. Es war wie die Gegenüberstellung von einem »Vorher«- und einem »Nachher«-Bild.

Ich begriff, dass ich *in Ordnung war*. Ich wusste nun, dass ich ein Recht hatte, auf dieser Erde zu sein. Gott hatte mich erschaffen, und ich war so liebenswert wie jeder andere Mensch auch. Meine Eltern waren genauso sehr Opfer gewesen wie ich. Der Herr hatte mir seine Güte gezeigt und ich war in das »Land der Lebendigen« gelangt. Eine meiner Seelsorgerinnen hatte mir einmal den Vers aus Jeremia 31,13 gegeben: »Ich werde sie trösten;ich verwandle ihre Trauer in Jubel, ihren Kummer in Freude.«

Diese Worte haben sich in meinem Leben bewahrheitet. Und ich weiß, ich bin frei.

Anmerkungen der Autorin

Das war zwar das offizielle Ende von Vals seelsorgerlicher Betreuung, aber wie sie schon angedeutet hat: Eine Gemeindeseelsorge ist etwas anderes als eine weltliche Therapie. Wir sind eine Familie und in einer solchen brechen die Beziehungen nicht ab. Wir haben ein weiter gehendes Interesse an Vals Wachstum und es steht ihr frei, das Gespräch mit uns zu suchen, wenn sie das Bedürfnis danach hat. Gott ist noch nicht am Ende mit Val – und er ist es auch mit keinem von uns. Ich fühle mich dadurch ermutigt, dass ich Gottes Wirken weiterhin in Vals Leben sehe, wie der folgende Bericht verdeutlicht.

Vals Geschichte geht weiter

Schon von klein auf bin ich immer sehr stolz auf meine eigene Stärke gewesen. Mit fünf Jahren musste ich jeden Morgen über eine Kuhwiese gehen, um zur Schule zu gelangen. Diese großen, neugierig blickenden Tiere jagten mir zwar gehörig Angst ein und ich war nicht sehr glücklich darüber, die Wiese überqueren zu müssen, aber ich schaffte es dann doch zähneknirschend, indem ich mir immer wieder vorsagte, dass ich stark genug wäre, damit fertig zu werden. Und wenn ich starb, machte es eh nichts aus.

Ich hatte mir eine Haltung der Stärke zugelegt und mein Leben lang darauf gebaut, so dass sie zu einem festen Bestandteil meiner Persönlichkeit wurde. Mir war dabei allerdings nicht klar, dass mich eine solche Haltung von einer engen Beziehung zu Gott fern halten konnte.

Einmal war ich im Bibelgesprächskreis und der Leiter stellte eine einfache Übung vor: Zuerst sollten wir alle unsere Augen schließen und uns fragen, wie wir uns selbst sahen. Der erste Gedanke, der mir durch den Kopf schoss, war: »Ich bin stark. Ich bin immer stark gewesen. Ich werde mit allem fertig.« Dann sollten wir Gott fragen, wie er uns sah. Dabei kam mir sofort das Bild eines schwachen, zerbrechlichen Waisenkindes in den Sinn, das total verletzlich und ungeschützt war. Ich war erschüttert und dachte so bei mir: »Aber ich bin doch gar nicht so! Das ist doch lächerlich.« Ich wollte diesen Gedanken partout nicht wahrhaben und strich ihn aus meinem Gedächtnis.

In der folgenden Woche ging mir der Gottesdienst, den ich besuchte, besonders unter die Haut. Gleich zu Beginn fing ich an zu zittern. In der Gebetszeit betete jemand für mich und ich konnte mich nicht mehr aufrecht halten. Mein ganzer Körper bebte und ich hatte das Gefühl, als stünde jede Zelle unter Strom. Ich weiß noch genau, wie ich anfing, unkontrolliert zu schluchzen und zu weinen, und ich fragte Gott: »Was soll das denn?«

Mir kam das Bild eines Turmes in den Sinn. Die Grundmauern waren ganz fest und aus großen Steinen gebaut. Eine Seite der runden Mauer war ganz niedrig, aber aus ordentlich zusammengefügten Ziegelsteinen gemauert. Die andere Seite war höher, aber die Steine waren nur lose zusammengesetzt. Plötzlich fielen die Steine zu einem Trümmerhaufen zusammen. Gott sprach dabei zu mir und mir wurde deutlich, dass mein Fundament aus den festen Steinen bestand, die sicher und unerschütterlich in ihm begründet waren. Mir wurde aber auch bewusst, dass ich versuchte, aus meiner eigenen Stärke heraus zu leben und mich immer schnell mit allem Möglichen »aufzubauen«, was mir gerade über den Weg lief. Gott wollte mich aber stärken und schützen. Er zeigte mir, dass es mit seiner Methode zwar etwas länger dauern konnte, aber dass ich dann nach seinem Willen zusammengebaut war und nicht beim ersten Windstoß in mich zusammenfallen würde.

An diesem Tag ging ich ganz überwältigt von der Macht Gottes aus der Kirche. Zugleich war ich aber etwas ungehalten, dass er solch ein Aufhebens wegen meiner mühsam aufgebauten Stärke machte. Ich glaube, ich war es einfach leid, verwundbar zu sein. Und wollte Gott denn nicht auch, dass ich Verantwortung für mich selbst übernahm?

Das Ganze verwirrte mich und so brachte ich diese Sache am nächsten Tag im Gebet vor Gott. Ich bat ihn, mir zu zeigen, wo das Problem lag. Durch Habakuk 1,10-11 wurde mir dann einiges klarer: »Mit Königen treiben sie ihr Spiel, sie spotten über die hohen Würdenträger. Festungen sind für sie kein Hindernis; sie schütten einen Belagerungswall auf und nehmen sie in Besitz. Dann ziehen sie weiter, wie der Sturm fegen sie dahin und machen sich schuldig. Die eigene Kraft ist ihr Gott.«

Ich war entsetzt über mich selbst. Ich hatte mich bewusst geweigert, nach Gottes Weisungen zu handeln. Wie konnte ich nur wieder mit ihm ins Reine kommen? Ich rief eine meiner früheren Seelsorgerinnen an und fragte sie, was ich tun sollte. »Ich habe Gott verletzt und sicher seine Gunst verscherzt.«

Sie riet mir, Buße zu tun, das heißt, umzukehren und meine Verfehlungen Gott zu bekennen. So bat ich Gott um Vergebung für meine Arroganz, mit der ich auf meine eigene Stärke blickte, für meinen Stolz und für meine herablassende Art Schwachen und Bedürftigen gegenüber. Meine Mutter war immer sehr schwach gewesen und hatte Menschen damit manipuliert. Ich hatte sie meinerseits dafür verachtet und verurteilt. Das tat mir nun mehr als Leid.

Gott ist so gnädig. Er zeigt uns nicht nur die Bereiche in unserem Leben, die uns davon abhalten zu wachsen und ihm näher zu kommen, sondern vergibt uns auch und hilft uns dabei, uns zu verändern, wenn es uns wirklich Leid tut. Ist das nicht großartig?

Anmerkungen der Autorin

Gegenwärtig scheint der Heilige Geist in vielen Kirchen besonders stark zu wirken. Diese neue Stoßrichtung Gottes bringt es mit sich, dass Heilungen und Veränderungen im Leben vieler Menschen beschleunigt werden. Die übernatürlichen Erfahrungen, die Val gemacht hat, sind keineswegs nur ein Einzelfall. Viele Menschen könnten Ähnliches berichten. Gott jedenfalls ist offenbar entschlossen, sein Heer aufzustellen – ein Heer von Menschen, die sein Bild in sich tragen. Val ist nur ein Beispiel für die, die in Ebenbilder ihres Freundes und Retters Jesus Christus verwandelt werden.

Kapitel 10

Gottes großartiger Plan

»Dann sprach Gott: Nun wollen wir Menschen machen, ein Abbild von uns, das uns ähnlich ist! Sie sollen Macht haben über die Fische im Meer, über die Vögel in der Luft, über das Vieh und alle Tiere auf der Erde und über alles, was auf dem Boden kriecht.« (1. Mose 1,26)

Ein Reisender ist darauf aus, ein bestimmtes Ziel zu erreichen. Der christliche Pilger hat ein herrliches Ziel vor Augen – nämlich so zu werden wie Jesus. Dies war vom Anfang der Zeiten an das Ziel Gottes mit den Menschen. Gott erschuf die Menschen, um seine Herrlichkeit in der Welt widerzuspiegeln, obwohl das einst perfekte Ebenbild zerstört worden ist und heute – wie beim Blick in einen zersprungenen Spiegel – nur ein Zerrbild zu sehen ist. Und doch ist es immer noch Gottes Plan, dieses verzerrte Bild allmählich zu verwandeln, bis es ihn widerspiegelt.

Das zerbrochene Bild

Adam und Eva waren der krönende Abschluss, das Meisterwerk von Gottes Schöpfung. Sie waren nicht nur nach Gottes Ebenbild erschaffen, sondern hatten auch die Herrschaft bekommen über das, was er erschaffen hatte. Es ist für uns nur schwer vorstellbar, was für ein Leben Adam und Eva geführt haben oder was für Menschen sie tatsächlich waren. Wenn wir uns so den modernen Menschen des 21. Jahrhunderts betrachten, erscheint es unglaublich, dass dieser Mensch Ähnlichkeit mit dem Herrn der Herrlichkeit haben soll.

C. S. Lewis lässt etwas von dieser Ebenbildlichkeit in

seinem Buch »Perelandra«[1] erahnen, dem zweiten Band seiner »Weltraumtrilogie«. Darin wird der Wissenschaftler Ransom auf die Reise geschickt, um den unschuldigen Planeten Venus zu retten. Als er dort ankommt, trifft er den König und die Königin, den Adam und die Eva von Perelandra. Es verschlägt ihm fast die Sprache, als er merkt, dass er bislang sein »Leben zwischen Schatten und zerbrochenen Abbildern verbracht«[1] hat. Er gibt sich alle Mühe, das Gesicht des Königs zu beschreiben, das er als Abbild eines anderen erkennt. »Es war das Antlitz, von dem niemand sagen kann, er kenne es nicht. Man könnte fragen, wie es möglich war, es zu sehen und nicht in Abgötterei zu verfallen, es nicht für das zu nehmen, dem es nachgebildet war.« Aber dieses Kunstwerk, eine Art Selbstporträt, das aus Gottes Atelier stammt, um die ganze Welt zu erfreuen, konnte »nie für mehr als ein Abbild genommen werden. Seine Schönheit lag vielmehr in der Gewissheit, dass er eine Kopie war, ein Echo, ein Reim, ein erlesener Nachhall unerschaffener Musik in einem erschaffenen Medium.«[1]

Lewis' Beschreibung des Königs und des Lebens auf Perelandra erweckt nostalgische Erinnerungen an ein verlorenes Paradies. Tragischerweise wird auf unserem Planeten das Bild des Schöpfers immer mehr verzerrt. Wir leben als zerbrochene Männer und Frauen, als bloße Schatten einer längst vergangenen Zeit, die nur hin und wieder einen kleinen Einblick in die frühere Herrlichkeit erhaschen.

Gottes Plan

Obwohl es so aussieht, als ob Gottes ursprünglicher Plan zunichte gemacht wurde, als Adam und Eva gegen ihn rebellierten, steht er doch nach wie vor fest. Er mag sich verzögern oder vielleicht zunächst über Umwege in eine andere Richtung zielen, aber was Gott sich vorgenommen hat, wird schließlich eintreffen.

Als der richtige Zeitpunkt gekommen war, sandte Gott einen zweiten Adam in die Welt – seinen eigenen Sohn, »der Abglanz seiner Herrlichkeit und das Ebenbild seines Wesens« (Hebräer 1,3). Er erfüllte Gottes Plan in jeder Hinsicht – bis zu seinem Tod. Und er sagte zu seinen Jüngern: »Wer mich sieht, der sieht den Vater!« (Johannes 14,9).

Jesus zeigte uns nicht nur, wie der Vater ist, indem er seine Herrlichkeit widerspiegelte, sondern er gab auch allen, die ihn annahmen, das Recht, Gottes Kinder zu werden. Das war der Plan Gottes vor Grundlegung der Welt. Er wollte ein Volk, das seine Herrlichkeit widerspiegelte. Und durch Jesus war dies möglich geworden. Paulus beschreibt dies eindrücklich in seinem Brief an die Römer: »Sie alle, die Gott im voraus ausgewählt hat, die hat er auch dazu bestimmt, seinem Sohn gleich zu werden. Nach dessen Bild sollen sie alle gestaltet werden, damit er der Erstgeborene unter vielen Brüdern und Schwestern ist« (Römer 8,29).

So zu werden wie Jesus ist ein herrliches Ziel, das für jeden Christen die Leidenschaft seines Lebens werden sollte. Aber wie wir bereits gesehen haben, ist es noch ein ganz schönes Stück Arbeit. Damit kommen wir zum Fazit unserer Überlegungen: Es wäre gut und ratsam, zumindest eine gewisse Vorstellung darüber zu haben, was wir überhaupt in unserem Leben zu erreichen versuchen. Wem oder was wollen wir ähnlich sein?

Unser Ziel heißt Jesus: sein Charakter, seine Werke, sein Leben. Wie bei einem Bild, das wir malen, oder einer Skulptur, die wir gestalten, müssen wir unsere Augen ständig auf das richten, was wir abbilden wollen. Das Gleiche gilt auch für den Umgestaltungsprozess in unserem Leben: »Wir wollen den Blick auf Jesus richten, der uns auf dem Weg vertrauenden Glaubens vorausgegangen ist und uns auch ans Ziel bringt [...]. Denkt daran, welche Anfeindungen er von den Menschen erdulden mußte! Das wird euch helfen, mutig zu bleiben und nicht aufzugeben« (Hebräer 12,1-3).

Was waren die Merkmale dieses Mannes, an dem wir uns ein Beispiel nehmen sollen?

Jesus war total von Gott abhängig und unterstellte sich ganz seinem Willen

Anders als der unabhängige Kaktus, der stolz auf seine eigene Stärke ist, oder der anhängliche Efeu, der überall, nur nicht bei Gott nach Bestätigung Ausschau hält, gestand Jesus ganz offen seine totale Abhängigkeit von seinem Vater ein. Einmal entgegnete er sogar seinen Kritikern, dass er nichts von sich aus tun könne, sondern nur, was er den Vater tun sehe (Johannes 5,19). Ein Grund, warum Jesus lange Nächte im Gebet verbrachte, war sein inniger Wunsch, in jedem Punkt seines Lebens nach dem Willen seines Vaters zu fragen.

Ein solcher Entschluss kostet etwas, aber diejenigen, die das Risiko auf sich nehmen, von Gott abhängig zu sein und sich ganz seinem Willen zu unterstellen, werden immer wieder überrascht sein, wie sie über ihre normalen Fähigkeiten hinauswachsen können und wie sich unerwartet Dinge ereignen, die sie sich nie hätten träumen lassen. Es wird sich bewahrheiten, was Jesus sagte: »Ich versichere euch: Niemand bleibt unbelohnt, der um meinetwillen und um die gute Nachricht weiterzusagen etwas aufgibt. Wer dafür irgend etwas zurückläßt – Haus oder Brüder oder Schwestern oder Mutter oder Vater oder Kinder oder Felder –, wird das Zurückgelassene hundertfach neu bekommen« (Markus 10,29-30).

Ja, Verfolgungen, Traurigkeit und Leid können mit dazu gehören, aber die Freude übersteigt bei weitem den Schmerz. Jackie Pullinger ist ein bekanntes Vorbild für eine Frau, die sich dem Willen Gottes unterstellte. Sie fühlte sich von Gott als Missionarin nach Hongkong berufen, aber als sie sich bei einer Missionsgesellschaft bewarb, wurde sie als zu alt abgelehnt. Schließlich folgte sie dem Rat eines Pfarrers und gab ihr ganzes Geld für die Überfahrt mit dem Schiff aus. Sie reiste mit der billigsten Klasse von Frankreich über Japan nach Hongkong und nahm die weiteste Route, bei der das Schiff unterwegs an unzähligen kleinen Häfen anlegte. Als sie ankam, blieb ihr gerade noch genug Geld für drei Tage. Sie fand aber eine Anstellung als Lehrkraft und baute mit der Zeit eine großartige Missionsarbeit unter den brutalen Triade-Gangstern auf.[2]

Jesus setzte sich für Gottes Herrlichkeit voll ein

Jesus kam auf diese Erde, um Gottes Ziele voranzutreiben, auch wenn ihn das ans Kreuz führte und ihm schrecklichste Leiden auferlegte. Er richtete seinen Blick immer darauf, seine Aufgabe zu vollenden (Johannes 17,4) und ließ sich von diesem Ziel nicht abbringen – weder durch das Gefühl, sich selbst etwas beweisen zu müssen, noch durch Rachsucht oder Schwäche.

In seinem Buch »Passion for Jesus« (Leidenschaft für Jesus) schreibt Mike Bickle, dass er nicht glaubt, dass Jesus irgendetwas mehr am Herzen lag, als anderen die unfassbare Herrlichkeit seines Vaters aufzuzeigen. Jeder Aspekt seines Lebens spiegelt den unbeschreiblichen Glanz Gottes wider.[3] Bickle bekräftigt, dass die Kirche von heute nicht im Missverhältnis zu den Prioritäten Jesu stehen darf und dass es nach wie vor ihre Aufgabe ist, den Menschen den Vater ans Herz zu legen.[3]

Von Anfang an war dies Gottes Absicht für sein Volk. Er wollte, dass Israel den anderen Nationen zeigte, wie Gott wirklich war, und so für die Völker dieser Welt zum Segen wurde. Gottes Zielsetzung hat sich bis heute nicht geändert. Wie soll die Welt je von der Liebe und Gnade Gottes erfahren, wenn nicht durch seine Kinder?

Jesus ging es nicht um seinen Ruf

Jesus dachte nie daran, populär zu werden, er wollte weder erfolgreich sein noch den Menschen zu Gefallen leben. Im Gegenteil: Er wurde von den religiösen Anführern seiner Zeit kritisiert, weil er sich mit »niederem Gesindel« einließ. Er machte sich auch unbeliebt, weil er offen und ehrlich war, gerade wenn es um die Heuchelei der Pharisäer und Schriftgelehrten ging.

Falsche Kompromisse und Parteilichkeit sind bei den Gemeindeleitern und Pastoren von heute an der Tagesordnung. Niemand will anscheinend der Wahrheit zuliebe seinen guten Ruf aufs Spiel setzen. Wie Pilatus wollen sich viele nicht festlegen und reden lieber um den heißen Brei herum: »Was ist Wahrheit?«, fragte Pilatus Jesus, als dieser erklärte, dass alle, die auf der Seite der Wahrheit stehen, seine Stimme hören (Johannes 18,37-38).

Jesus liebte die Unliebsamen

Er kam, um sein Leben für die Sünder zu geben. Er zeigte seine Liebe den Ausgestoßenen der Gesellschaft. Er wies niemals einen Armen oder Bedürftigen von sich.

Als Jesus für eine unwürdige Welt starb, legte er eine starke, mutige, aufopfernde Liebe an den Tag: nicht, weil er ein selbst ernannter »Rettertyp« war, sondern weil er ein gehorsamer Sohn war mit einem dienstbereiten Herzen. Mutter Teresa mit ihrer kleinen, unscheinbaren Gestalt ist unter den Ärmsten der Armen von Kalkutta ein Beispiel für eine solche hingebungsvolle Liebe gewesen. Und es ließen sich noch viele andere aufzählen, die durch die Jahrhunderte bis heute darum gerungen haben, den Fußstapfen ihres Meisters zu folgen.

Es wäre zu einfach, mit groben Verallgemeinerungen und einem Rundumschlag die junge Generation als egozentrisch, lieblos und oberflächlich abzutun. Vielleicht sind einige junge Leute so, aber viele junge Christen setzen sich von Herzen für Gott und ihre Generation ein. Ein junger Mann aus unserer Gemeinde spürte mit achtzehn Jahren, dass Gott ihn dazu drängte, unter den Obdachlosen in London zu arbeiten. Zuerst ging er einfach in dieses Viertel und lebte drei Wochen lang unter Kartondeckeln mit den Obdachlosen. Heute ist er Sozialarbeiter und tut einen sehr hilfreichen Dienst. Das ist die Art von Liebe, die Männer und Frauen anzieht, die allein ihren Weg in einer gleichgültigen Welt gehen.

Jesus war ein Mann der Wahrheit

Jesus war das perfekte Abbild Gottes, des Vaters. Und Gott ist der Gott der Wahrheit (Psalm 31,19). »Es ist unmöglich, daß Gott lügt« (Hebräer 6,18). Jesus selbst sagte: »Ich bin der Weg und die Wahrheit und das Leben« (Johannes 14,6). Er ermahnte seine Jünger, immer das zu sagen, was sie auch meinten: »Sagt einfach Ja oder Nein« (Matthäus 5,37). Da blieb wenig Raum, die Wahrheit zu umgehen, indem sie Probleme leugneten, sie vergeistigten oder vergeistlichten.

Im 19. Jahrhundert waren die englischen Geschäftsleute dafür bekannt, dass sie zu ihrem Wort standen. An der früheren Nordwestgrenze Indiens dachte man, sie hätten eine seltsame Krankheit, die sie unfähig mache zu lügen. Hin und wieder kann man auch heute noch solche Leute treffen, aber im normalen politischen und wirtschaftlichen Leben sind Lügen an der Tagesordnung.

Zwar gibt es immer mal wieder einen kleinen Aufruhr, wenn eine Lüge offensichtlich wird (wie Bill Clintons Sex-Eskapaden oder die Spendenaffäre der CDU), doch eigentlich werden »Notlügen« und Halbwahrheiten schon als normal angesehen. Niemand geht noch davon aus, dass das, was ihm Politiker oder Wirtschaftsbosse erzählen, die

Wahrheit sein könnte. Jemand, der tatsächlich nicht lügt, wird als bunter Hund angesehen oder man glaubt ihm auch das einfach nicht.

Verwirrung besteht auch über die eigentliche, letztgültige Quelle der Wahrheit. Der Hunger nach »geistlicher Erleuchtung« ist sehr wohl da, aber die Überfülle des religiösen Angebots reicht schon zur Verwirrung auch des Gutwilligsten aus. Und doch hat der Gott der Wahrheit seine Spuren bei den Menschen hinterlassen und alle, die ihn von Herzen suchen, werden ihn auch finden.

Jesus war ein Mann der Gerechtigkeit

Eine der wunderschönen Eigenschaften Gottes ist, dass er mit absoluter Gerechtigkeit regiert (2. Thessalonicher 1,5). Jesus verkörperte die gleiche Eigenschaft. Einmal versuchten die Schriftgelehrten und Pharisäer, ihm eine Falle zu stellen, als sie eine Frau zu ihm brachten, die sie auf frischer Tat beim Ehebruch ertappt hatten. Sie sagten, das Gesetz schreibe vor, so jemanden zu steinigen. Jesus nahm sich Zeit, darüber nachzudenken und wahrscheinlich auch zu beten. Dann sagte er zu ihnen: »Wer von euch noch nie eine Sünde begangen hat, soll den ersten Stein auf sie werfen!« Betreten gingen die Rechtshüter und religiösen Anführer einer nach dem anderen davon, bis niemand mehr übrig war, um die Frau zu verurteilen. Darauf sagte Jesus zu ihr: »Ich verurteile dich auch nicht. Du kannst gehen; aber tu diese Sünde nicht mehr« (Johannes 8,1-11).

In jüngster Zeit hat das Vertrauen in die Gerechtigkeit der Justiz erschreckend nachgelassen. Und wir sind anscheinend auch unfähig, in einer Weise Gerechtigkeit zu üben, die Gottes Haltung widerspiegelt. Und doch verletzen uns immer noch offenkundige Ungerechtigkeiten.

Letztes Jahr ging unser 6-jähriger Enkel sehr ungern zur Schule. Er brachte all die üblichen kindlichen Gründe hervor, warum er nicht gehen wollte. Offensichtlich waren dies aber nicht seine wahren Probleme. Schließlich nagelte seine Mutter ihn darauf fest, ihr die wahren Gründe zu sagen. Dabei trat ein für einen Sechsjährigen offenkundiger Fall von Ungerechtigkeit zu Tage. In seiner Klasse war ein verhaltensgestörter Junge. Um das Kind zu ermutigen und ihm zu helfen, behandelten die Lehrer dieses Kind bevorzugt. Es war jedoch ein verschlagener Junge, der die anderen Schüler schikanierte, wenn niemand hinsah. Obwohl die Kinder dies mehrfach meldeten, wurde das Kind anscheinend nie bestraft. Stattdessen wurden ihm gewisse Privilegien eingeräumt.

Der Höhepunkt der Ungerechtigkeiten war dann erreicht, als diesem Jungen die begehrte Aufgabe zufiel, die Kinder, die in der Woche besonders gute Leistungen erbracht hatten, mit Sternchen auszuzeichnen. Das war mehr, als unser Enkel ertragen konnte. Das Tyrannisieren durch den anderen Jungen verkraftete er, doch nicht die ungerechte Behandlung durch Autoritätspersonen.

Tief im menschlichen Herzen ist eine große Sehnsucht, ja ein Schrei nach Gerechtigkeit – und Dankbarkeit, wenn sie einem widerfährt.

Die Macht des Evangeliums wird am überzeugendsten nach außen hin sichtbar, wenn Christen ihre geschäftlichen Belange integer und gerecht erledigen. Alexander Balfour war ein christlicher Kaufmann zu Beginn des 19. Jahrhunderts. Damals wie heute wurden viele fragwürdige Geschäftsabschlüsse durch den bekannten Ausspruch entschuldigt: »Geschäft ist eben Geschäft.«

»Für Mr. Balfour war nichts verpönter als die Vorstellung, dass es einen Handelsehrenkodex und einen christlichen Verhaltenskodex gab. Seiner Meinung nach war es für einen Geschäftsmann ein Muss, unter allen Umständen und in allen Wettbewerbslagen aufrichtig und fair zu sein. Einmal traf er über gewisse Bedingungen eine schriftliche Vereinbarung mit einem Kaufmann. Danach beschlich ihn ein ungutes Gefühl, dass es mehr zum Vorteil seiner eigenen Firma war. Als er sein Büro erreichte, sagte er zu einem seiner Mitarbeiter: ›Geben Sie diese Vereinbarung Herrn ... zurück und sagen Sie ihm, dass ich sie zurückziehen möchte. Ich meine nämlich, sie hätte mehr zu seinen Gunsten ausfallen sollen.‹«[6]

Wie Jesus hatte Mr. Balfour keine Ambitionen, sich aufzuspielen oder gut dazustehen.

Jesus lebte in Beziehung

Jesus hatte nicht nur eine enge Beziehung zu seinen zwölf Jüngern, er hatte auch überall im Land Freunde, bei denen er einfach vorbeischauen konnte. Maria, Marta und Lazarus waren eine solche Familie, zu der Jesus eine intensive Beziehung pflegte. Als Lazarus krank wurde, so wird berichtet, ließen die Schwestern Jesus ausrichten: »Herr, dein Freund ist krank« (Johannes 11,3). Als Jesus schließlich zu Lazarus ging, der bereits gestorben war, weinte er, und die Juden, die dabeistanden, spürten, wie sehr Jesus ihn geliebt hatte (Johannes 11,35-36).

Niemand konnte Jesus nachsagen, dass er in seinen Beziehungen hart oder unnahbar gewesen wäre. Wenn jemand Grund gehabt hätte, anderen zu misstrauen, dann sicherlich er. Er wurde verraten, verleugnet und von seinen Freunden verlassen, und doch liebte er sie und betraute sie mit der Leitung der Gemeinde Gottes.

Noch auffallender ist die Beziehung, die Jesus zu seinem Vater hatte. Von Anfang an war Jesus eins mit dem Vater. Die drei Personen der Gottheit waren gemeinschaftlich daran beteiligt, die Welt und den Menschen zu erschaffen. Gott sprach von sich in der Mehrzahl: »Nun wollen wir Menschen machen, ein Abbild von uns, das uns ähnlich ist!« (1. Mose 1,26). Der Vater, Sohn und Heilige Geist sind ein Gott. Sie sind untrennbare und voneinander abhängige

Personen. Gott hat jedoch nicht nur diese gemeinschaftliche Beziehung in der Dreieinigkeit, der dreieinige Gott möchte auch eine Beziehung zum Menschen haben. Er sprach mit Adam und Eva. Er ging mit ihnen im Garten spazieren. Er schaute nach ihnen, als sie sich vor ihm versteckten. Und seitdem hat Gott immer wieder nach Menschen Ausschau gehalten, mit denen er in Beziehung treten konnte.

Gott erschuf den Menschen auch hier »nach seinem Bild«, mit dem gleichen Bedürfnis und der gleichen Fähigkeit, mit anderen eine Beziehung aufzubauen. »Gott, der Herr, dachte: ›Es ist nicht gut, daß der Mensch so allein ist. Ich will ein Wesen schaffen, das zu ihm paßt und ihm hilft‹« (1. Mose 2,18).

Die Auswirkungen des Sündenfalles waren Trennung und Entzweiung – zwischen Gott und dem Menschen, zwischen einzelnen Personen, zwischen Gemeinschaften und zwischen Nationen. Im 21. Jahrhundert bewegen sich Männer und Frauen immer weiter voneinander weg und sind individualistischer als zu jeder anderen Zeit in der Geschichte.

Die heutige Generation ist die des radikalen Individualismus. Für viele Menschen hat das Alleinsein heute einen höheren Stellenwert als das Leben in Beziehung mit anderen Menschen. »Eine jüngste Umfrage zeigt, dass das Alleinleben heute immer mehr in Mode kommt. Millionen von Menschen entscheiden sich für diese Art der Freiheit. Die Studie belegt, dass einer von vier Haushalten in Großbritannien heute ein Single-Haushalt ist – das sind mehr als sechs Millionen Menschen.«[7]

»Die moderne Kultur ist vergiftet durch das Rauschmittel der Unabhängigkeit.«[8] Nichtsdestotrotz ist die Sehnsucht nach Beziehungen nach wie vor ungebrochen. Sie mag vielleicht eine geringere Chance haben, in einer solch beziehungslosen Gesellschaft zu überleben, aber das Bedürfnis ist immer noch da. Larry Crabb formuliert dieses

Phänomen so: »Wir sehnen uns nach Achtung und Anteilnahme, nach Einfluss und Beziehungen. Uns dürstet nach den Dingen, die unserer Seele wohl tun. In der Wüste einer gefallenen Welt sind wir am Verschmachten.«[9]

Unsere Seele ist tatsächlich am Verschmachten. Sie sehnt sich sowohl nach befriedigenden, dauerhaften Beziehungen zu anderen Menschen als auch nach einer vertrauensvollen Beziehung zu unserem Schöpfer.

Gott wollte und will, dass seine Kinder sich untereinander lieben – und zwar so, dass ihr Einssein ein Zeugnis seiner Liebe abgibt. Jesus betete in seinem letzten Gebet vor seiner Verhaftung darum, dass sein Volk eins sei und die Welt daran erkenne, dass Gott ihn gesandt hat (Johannes 17,22-23).

Jesus war ohne Sünde

Jesus ist in allem versucht worden wie wir, doch er schaffte es, der Versuchung zu widerstehen (Hebräer 4,15).

Von den wunderbaren Eigenschaften Gottes ist vielleicht seine Heiligkeit diejenige, die der Menschheit am ehesten verloren gegangen ist (3. Mose 11,44). Es scheint so, als wäre alles am Menschen von der Sünde infiziert worden: sein Handeln, seine Gedanken, seine Beweggründe und seine Gefühle. Und wir könnten Gottes Aufforderung, so zu sein wie er, niemals folgen, wenn uns nicht der Heilige Geist in unserer Schwachheit zur Seite stehen würde.

Wenn Gott einem Menschen begegnet, ist das immer von einem verstärkten Wunsch nach Heiligkeit begleitet. Eines der Zeichen für die gut dokumentierte Erweckung durch die Predigten Wesleys war eine Art öffentliche Bußorgie.

Brian Edwards schreibt: »Erweckung ist immer eine Erweckung zur Heiligkeit. Aber sie beginnt immer mit einem furchtbaren Eingeständnis der eigenen Sünde.« Auf diese Überführung von der Sünde folgt die Freude der Vergebung, aber die Erweckung bleibt dabei nicht stehen. Die Auswirkungen zeigen sich im Leben der Menschen. »Wenn wir uns die Früchte der Erweckung betrachten, dann entdecken wir, wie groß die Umwälzung – die *Reformation* – ist, die eine Erweckung für die Gesellschaft mit sich bringt.«

Bei der Erweckung in Wales zu Beginn des letzten Jahrhunderts verweigerten plötzlich alle Grubenpferde ihre Arbeit: Sie verstanden die Befehle ihrer Herren nicht mehr, da diese nicht mehr laut fluchten![10] Das muss einen stärkeren Eindruck bei den anderen Bergmännern hinterlassen haben als die feurigsten Predigten.

Die Aufgabe des Heiligen Geistes

In dem Augenblick, in dem ein Mensch durch den Geist Gottes neu geboren wird, beginnt der Heilige Geist, diesem Menschen zu helfen, Jesus ähnlicher zu werden.

»Wir alle sehen mit unverhülltem Gesicht die Herrlichkeit des Herrn wie in einem Spiegel. Dabei werden wir selbst in sein Bild verwandelt und bekommen mehr und mehr Anteil an seiner Herrlichkeit. Das bewirkt der Herr durch seinen Geist« (2. Korinther 3,18).

Der Heilige Geist ist in uns am Werk, aber wir müssen auch unseren Teil dazu beitragen. Paulus gab den Christen in Philippi den Rat: »Arbeitet an euch selbst mit Furcht und Zittern, damit ihr gerettet werdet! Ihr könnt es, denn Gott selbst bewirkt in euch nicht nur das Wollen, sondern auch das Vollbringen« (Philipper 2,12-13). Paulus ermahnt sie also, »mit Furcht und Zittern« an ihrer Ganzheitlichkeit weiterzuarbeiten (die Wurzel des Wortes »Errettung« stammt vom griechischen *sozo,* das auch die »Ganzheitlichkeit« mit einschließt). Gott wird dann durch seinen Geist das Ganzwerden in uns bewirken, aber wir müssen dabei mit ihm zusammenarbeiten. Das ist der Plan Gottes.

Was hindert uns also noch daran, ihn in unserem Leben umzusetzen? Wo liegt für uns das Problem?

Das Problem

Das Problem dabei ist, dass es ein Prozess ist (2. Korinther 3,18) – und dieser Prozess geht nur langsam vonstatten. Wir müssen daran arbeiten und Hindernisse müssen aus dem Weg geräumt werden. Wir haben die Verantwortung, mit Hilfe des Heiligen Geistes die Blockaden in unserem Weg auszuräumen. Aber das geht nicht alles so glatt, wie wir es uns vielleicht wünschen. Paulus vergleicht sogar sein Verlangen, dass die Gläubigen von Galatien in ihrer Entwicklung weiterkommen, mit Geburtswehen (Galater 4,19). Jede Frau, die schon einmal ein Kind bekommen hat, weiß, was Wehen bedeuten, nämlich ein hartes Stück Arbeit und beträchtliche Schmerzen!

Für Val war es nicht einfach, die Blockaden zu entfernen, und auch nicht für Roger, über den ich eingangs berichtet habe. Es gab einen guten Grund, warum er seine Selbstschutzmechanismen nicht für besonders ungeistlich gehalten hatte. Selbst als er Hilfe aufsuchte tat er das nicht aus Besorgnis um seine Fortschritte im Glauben, sondern weil seine selbst gebastelten Schutzmechanismen ihm den Weg zur persönlichen Erfüllung verbauten. Nach 20 Jahren, in denen er sich immer gleich verhalten und gleich gedacht hatte, war es sehr schwer, einen Umdenkprozess einzuleiten und Änderungen vorzunehmen. Daneben trug er viele unbewältigte Probleme aus der Vergangenheit mit sich herum und es war schmerzlich für ihn, sich damit auseinander zu setzen.

Vielen Leuten geht es so wie Roger. Wenn sie Gott begegnen, bekommt das Leben zunächst eine neue Bedeutung. Sie nehmen viele Veränderungen vor. Sie haben neue Freunde, verfolgen neue Aktivitäten, hegen neue Hoffnungen und gehen in eine neue Richtung – kurzum, sie sind ganz neue Menschen (2. Korinther 5,17). Die ersten Veränderungen mögen zwar gewaltig aussehen, sie sind jedoch oft eher oberflächlich. Viele ändern zum Beispiel ihre sonntäglichen Gewohnheiten. Sie beschließen vielleicht, von jetzt an in die Kirche zu gehen, statt sonntags lange auszuschlafen. Sie hören vielleicht mit dem Trinken oder Rauchen auf. In den 50er und 60er Jahren sind einige evangelikale Gruppierungen sehr gesetzlich geworden. Für viele zählte offenbar nur der äußere Schein. Für eine Frau war es verpönt, Make-up aufzutragen oder sich modern zu kleiden. Durch solche oberflächlichen Veränderungen, die wie eine Art »Erkennungszeichen« funktionierten, gehörte man schnell »dazu«. Man konnte leicht dem Gedanken verfallen, dass dies genug wäre, während sich tatsächlich im Innern sehr wenig geändert hatte.

Die Veränderungen, die Gott anstrebt, reichen tiefer. Sie sollten unser Denken und Fühlen betreffen wie auch unser Verhalten und die Entscheidungen, die wir treffen. Die Bibel spricht davon, dass unsere »Gesinnung« so sein sollte wie die Jesu Christi. Er »erniedrigte sich selbst so tief, daß er sogar den Tod auf sich nahm« (Philipper 2,5,7-8). Wir sollen so sein wie Jesus. Wir sollen unser Kreuz auf uns nehmen und ihm folgen (Matthäus 16,24). Das ist ein gewaltiger Auftrag! Aber auch ein herrliches Ziel, auf das wir zu leben. »Ihr Lieben, wir sind schon Kinder Gottes. Was wir einmal sein werden, ist jetzt noch nicht sichtbar. Aber wir wissen, wenn er offenbar wird, werden wir Gott ähnlich sein; denn wir werden ihn sehen, wie er wirklich ist. Alle, die das voller Zuversicht von ihm erwarten, halten sich von allem Unrecht fern, so wie Christus es getan hat« (1. Johannes 3,2-3).

Wir sind heilig – und werden noch geheiligt

Wir müssen uns selbst heiligen. Aber auch das ist in gewisser Weise paradox. Aus Gottes Sicht verhält es sich so: »Dadurch, daß Jesus Christus seinen eigenen ›Leib‹ zum Opfer brachte, sind wir nun ein für allemal von jeder Schuld gereinigt und zu Gottes Eigentum geworden« (Hebräer 10,10). Und doch werden wir auch noch geheiligt (Hebräer 10,14) und haben unseren – wichtigen – Teil dazu beizutragen.

Ein Heer von »Ebenbildern« – Männer und Frauen überall auf der ganzen Welt, die wie Jesus sind – würde bald schon wie die ersten Christen die Welt auf den Kopf stellen. Richard Foster bemerkt, dass unsere Welt nach wirklich »anderen«, weil veränderten Menschen hungert. Er ermutigt uns, zu denen zu gehören, denen die Verwandlung ihres Lebens ein so lohnenswertes Ziel ist, dass sie die größten Anstrengungen unternehmen, um sie zu erreichen.[11]

Deshalb müssen wir uns auch ernsthaft um die Hindernisse kümmern, die diesem Umgestaltungsprozess entgegenstehen könnten, und uns dann daranmachen, diese zu beseitigen. Der Verfasser des Hebräerbriefs formuliert es noch treffender: »Macht also die erschlafften Hände wieder stark, die zitternden Knie wieder fest! Geht auf rechten Wegen, damit die lahm gewordenen Füße nicht auch noch verrenkt, sondern wieder heil werden. Bemüht euch um Frieden mit allen in der Gemeinde und darum, daß ihr heilig seid und euer ganzes Leben Gott gehört« (Hebräer 12,12-13).

Anmerkungen

Einführung

[1] Dan B. Allender, *The Wounded Heart*, 1993 (Farnham, Surrey: CWR), S. 20
[2] Archibald D. Hart, *Me, Myself and I*, 1992 (Guildford: Highland), S. 71

Kapitel 1

[1] Larry Crabb, *Von innen nach außen – Veränderung ist möglich*, Brunnen-Verlag, Gießen, Basel, 1990, S. 173
[2] Archibald D. Hart, ebd. S. 139
[3] M. Scott Peck, *Der wunderbare Weg,* Goldmann 1999
[4] Rita Carter, »Health Front«, *Telegraph Magazine*, 11. März 1995
[5] Irvin D. Yalom, *Love's Executioner*, 1989 (London: Penguin Books), S. 3 [Dt. Übersetzung: *Die Liebe und ihr Henker und andere Geschichten aus der Psychotherapie*, Goldmann, 1999]

Kapitel 2

[1] Malcolm Muggeridge, *Something Beautiful for God*, 1971 (London: William Collins Sons), S. 98
[2] Thomas Verney, *Das Seelenleben des Ungeborenen,* Rogner & Bernard 1992
[3] Thomas Verney, ebd.
[4] Thomas Verney, ebd.

[5] Frank Lake, *Clinical Theology*, gekürzte Fassung von Martin Yeomans, 1986 (London: Darton, Longman and Todd), S. 39

[6] C. S. Lewis, *Überrascht von Freude*, Brunnen-Verlag, Gießen, Basel, 1992, S. 32

[7] C. S. Lewis, ebd. S. 29

[8] C. S. Lewis, ebd. S. 29

[9] C. S. Lewis, ebd. S. 30

[10] Dan B. Allender, ebd. S. 113

[11] Henry Cloud, John Townsend, *Nein sagen ohne Schuldgefühle – Wie man sich gegen Übergriffe schützt*, Edition Trobisch, Kehl, 1995, S. 88

[12] John Bradshaw, *The Family*, 1988 (Florida: Health Communications), S. 50

[13] Henry Cloud, John Townsend, ebd. S. 89

[14] Robert S. McGee, *Du bist Du – Die Grundlage für ein gesundes Selbstwertgefühl*, Projektion J Verlag, Asslar, 1994, S. 25

Kapitel 3

[1] Robert S. McGee, ebd. S. 29

[2] Joanna und Alister McGrath, *The Dilemma of Self-Esteem*, 1992 (Crossway Books), S. 29

[3] Briar Whitehead, *Craving for Love*, 1993 (Kent: Monarch Publications), S. 54

[4] Robert S. McGee, ebd. S. 61

[5] John Bradshaw, ebd. S. 46

[6] Archibald D. Hart, ebd. S. 90

[7] Robert S. McGee, ebd. S. 152

[8] Archibald D. Hart, ebd. S. 99

[9] Dan B. Allender, ebd. S. 46

[10] Dan B. Allender, ebd. S. 54

[11] Dan B. Allender, ebd. S. 46

[12] Dan B. Allender, ebd. S. 123

[13] Nancy Groom, *From Bondage to Bonding*, 1991 (Colorado: Navpress), S. 89
[14] Joanna und Alister McGrath, ebd. S. 30
[15] Robert S. McGee, ebd. S. 29

Kapitel 4

[1] David A. Seamands, *Heilende Gnade,* Francke 1990
[2] Nancy Groom, ebd. S. 95, S. 97
[3] Bill Munroe, *Designer Living*, 1991 (Kent: Monarch Publications), S. 90
[4] Henry Cloud, John Townsend, ebd. S. 69, S. 80
[5] Frank Lake, ebd. S. 30, S. 31
[6] Archibald D. Hart, ebd. S. 98
[7] Larry Crabb, ebd. S. 92f.
[8] John Bradshaw, ebd. S. 165
[9] Larry Crabb, *Die Last des andern – Biblische Seelsorge als Aufgabe der Gemeinde*, Brunnen-Verlag, Basel, 1984, S. 91

Kapitel 5

[1] John Bradshaw, ebd. S. 165
[2] Dan B. Allender, ebd. S. 123
[3] Dan B. Allender, ebd. S. 101
[4] Dan B. Allender, ebd. S. 103
[5] Dan B. Allender, ebd. S. 121
[6] Archibald D. Hart, ebd. S. 173
[7] Dan B. Allender, ebd. S. 67
[8] Dan B. Allender, ebd. S. 67
[9] Unter einem Ko-Abhängigen versteht die Autorin einen »Menschen, der ein selbstbezogenes Leben führt, wobei er – für sein wahres Ich blind – dauernd auf andere reagiert, von denen er kontrolliert wird und die er wie-

derum versucht zu kontrollieren, und deren Verhalten, Einstellungen und/oder Meinungen er zu bestimmen sucht« (zitiert nach Nancy Groom, *From Bondage to Bonding*, ebd.S. 21).

[10] Dan B. Allender, ebd. S. 49
[11] Dan B. Allender, ebd. S. 46
[12] Frank Lake, ebd. S. 90
[13] Frank Lake, ebd. S. 72
[14] Nancy Groom, ebd. S. 97
[15] Frank Lake, ebd. S. 237
[16] Valerie McIntyre, »Transference: Idolatry of the Heart«, in *Leanne Payne Newsletter*, Herbst 1994
[17] Frank Lake, ebd. S. 91
[18] Archibald D. Hart, *Healing Life's Hidden Addictions*, 1991 (Crossway Books), S. 17
[19] Archibald D. Hart, ebd. S. 163
[20] Archibald D. Hart, ebd. S. 178

Kapitel 6

[1] Archibald D. Hart, ebd. S. 102
[2] Robert S. McGee, ebd. S. 42
[3] Robert S. McGee, ebd. S. 60
[4] Charles R. Swindoll, *Zeit der Gnade*, Projektion J 1994, S. 19f.
[5] Charles R. Swindoll, ebd. S. 17
[6] Nancy Groom, ebd. S. 58
[7] Robert S. McGee, ebd. S. 77
[8] Dan B. Allender, ebd. S. 61
[9] Archibald D. Hart, ebd. S. 175
[10] M. Scott Peck, ebd. S. 51, 52

Kapitel 7

[1] Nancy Groom, ebd. S. 98
[2] M. Scott Peck, ebd. S. 51
[3] Dan B. Allender, ebd. S. 157
[4] Nancy Groom, ebd. S. 99
[5] Larry Crabb, *Von innen nach außen – Veränderung ist möglich*, S. 183
[6] Larry Crabb, *Von innen nach außen – Veränderung ist möglich*, S. 131
[7] Dan B. Allender, ebd. S. 41
[8] Nancy Groom, ebd. S. 83

Kapitel 8

[1] C. S. Lewis, *Die große Scheidung – Oder zwischen Himmel und Hölle*, Johannes Verlag, Freiburg, 1992, S. 80
[2] Larry Crabb, *Von innen nach außen – Veränderung ist möglich*, S. 175
[3] Larry Crabb, ebd. S. 187
[4] Larry Crabb, ebd. S. 184
[5] Linda Caine. Nach einem Interview, geführt von Margaret Collingwood, in *Frozen Peas* (Worthing: Sunrise Video Productions)
[6] Seelsorger im Gemeindedienst sollten sich davor hüten, verdrängte Erinnerungen mutwillig hervorzugraben. Ein besonderes Augenmerk sollte den Menschen gelten, die eine psychische Erkrankung hinter sich haben oder Anzeichen emotionaler Labilität zeigen. In solchen Fällen wäre es das Beste, wenn ein Psychotherapeut hinzugezogen werden könnte.
[7] Leanne Payne, *Dich will ich hören, Herr*, Projektion J 1995, S. 102f.
[8] Leanne Payne, ebd. S. 103
[9] Dan B. Allender, ebd. S. 225

[10] Dan B. Allender, ebd. S. 202
[11] Nancy Groom, ebd. S. 131
[12] Frank Lake, ebd. S. 26
[13] M. Scott Peck, *A Bed by the Window*, 1994 (London: Arrow Books), S. 83

Kapitel 10

[1] C. S. Lewis, *Perelandra*, Verlag Michael Claren, Lüdenscheid, 1983, S. 204;
Perelandra erschien 1943 als zweiter Band der phantastischen Trilogie, die mit *Jenseits des schweigenden Sterns* begann und mit *Die böse Macht* abgeschlossen wurde. Später wurde das Buch neu aufgelegt als zweiter Band der *Perelandra-Trilogie*.
[2] Jackie Pullinger und Andrew Quicke, *Chasing the Dragon*, 1980 (Hodder & Stoughton), S. 32
[3] Mike Bickle, *Passion for Jesus*, 1993 (Kingsway Publications), S. 60
[4] Mike Bickle, ebd. S. 64
[5] Alan Clark, *Diaries*, 1993 (London: Weidenfeld & Nicolson), S. 134
[6] R. H. Lundie, Alexander Balfour: *A Memoir*, 1989 (James Nisbet & Co), S. 43
[7] *Daily Telegraph*, 15. September 1992
[8] Nancy Groom, ebd. S. 104
[9] Larry Crabb, *Von innen nach außen – Veränderung ist möglich*, S. 65
[10] Brian H. Edwards, *Revival*, 1990 (Durham: Evangelical Press), S. 115, S. 122
[11] Richard Foster, *Nachfolge feiern,* Bundes-Verlag 1996

Heilung der Vergangenheit

Für die Entwicklung eines jeden Menschen hat Gott einen guten Plan. Doch leider verstehen wir die Absicht Gottes oftmals nicht. Wir begehen folgenschwere Fehler und fügen unseren Kindern tiefe Verletzungen zu. Aber auch wir selbst sind davon nicht ausgenommen. Ob wir es wollen oder nicht: Die Vergangenheit begleitet uns unser ganzes Leben lang und immer wieder werden unsere Entscheidungen von früheren Erlebnissen und Erfahrungen beeinflusst.

Doch die Autoren machen deutlich: Wir können lernen, uns mit den Augen unseres Vaters im Himmel zu sehen, der uns unendlich liebt. Er versteht uns im Innersten und kennt die Bedürfnisse jedes Einzelnen – und er sehnt sich danach, uns zu heilen.

Frank & Catherine Fabiano
Mut zur Reife
Pb., 228 Seiten
Bestell-Nr. 657 285